李光明 著

和孩子一起快乐成长

世界图书出版公司

图书在版编目（CIP）数据

和孩子一起快乐成长 / 李光明著 . -- 北京：世界
图书出版公司，2019.6
　　ISBN 978-7-5192-6327-0

　　Ⅰ . ①和… Ⅱ . ①李… Ⅲ . ①教育－文集 Ⅳ .
① G4-53

中国版本图书馆 CIP 数据核字（2019）第 111108 号

书　　　　名	和孩子一起快乐成长
（汉语拼音）	HE HAIZI YIQI KUAILE CHENGZHANG
著　　　　者	李光明
总　策　划	吴迪
责 任 编 辑	齐雪　张新宁
装 帧 设 计	刘岩
出 版 发 行	世界图书出版公司长春有限公司
地　　　址	吉林省长春市春城大街 789 号
邮　　　编	130062
电　　　话	0431-86805551（发行）　0431-86805562（编辑）
网　　　址	http://www.wpcdb.com.cn
邮　　　箱	DBSJ@163.com
经　　　销	各地新华书店
印　　　刷	北京虎彩文化传播有限公司
开　　　本	787 mm × 1092 mm　1/16
印　　　张	12
字　　　数	216 千字
印　　　数	1—3000
版　　　次	2022 年 6 月第 1 版　2022 年 6 月第 1 次印刷
国 际 书 号	ISBN 978-7-5192-6327-0
定　　　价	45.00 元

匠心·教育
——我与孩子共成长

故事·蜕变

——孩子们的小故事

沟通·家访

——我与家长齐协力

思考·感悟
——我的教学修行路

❧ 师友·成长
——不忘初心始前行

❧ 追忆·流年
——致我逝去的青春

匠心·教育

——我与孩子共成长

守望七（三）班

接手七（三）班，有好多的不习惯。

首先，我刚刚送走了九年级的孩子们，又接手七年级的孩子们。一方面，孩子们年龄变小，我不习惯；另一方面，我上课的方法和他们原来的老师不一样，孩子们不习惯。

其次，我发现孩子们的学习习惯不好，当我走进教室上课，有好多人还没有拿出课本，学习用具更是没有。望着班内57双稚嫩的眼神，我都不忍心责备他们。从第一节课，我就开始做思想工作，从学习习惯入手，告诉他们上课要准备好所需要的东西，每天上课我要检查，不仅上数学课要这样，其他课也要这样。

再次，孩子们卫生习惯极差，每天地上都不干净，班内尘土飞扬，后边垃圾桶周围一地碎纸、塑料袋。他们没有良好的卫生习惯，意识不到这样不整洁，也不认为这样不好。

最后，教室里桌子的排列参差不齐、歪歪扭扭，每天都是这样。长此以往形成了这样一种松松垮垮、拖拖拉拉的习惯，整体感觉班内的孩子们松散、拖沓，集体主义观念较差。

其实这些都是表面现象，关键是孩子们的意识不到位，主动学习的意识较差，上课纪律也比较松散。每天班内孩子都不全，我联系家长，结果家长告诉我孩子们已经到校上课。我发现孩子们在撒谎，经过询问，原来他们是去网吧上网。

针对孩子们的这些现象，我及时提出了一些要求。比如，每天要干干净净地到校，包括手、脸、衣服，都要干干净净；及时打扫教室卫生，保持室内干净，不允许地上有垃圾。然后我开始就我发现的现象和家长进行及时的沟通。家长都希望孩子们认真学习，所以我很快赢得了家长的认可，目标基本达成一致。

10月13号，我召开了家长座谈会，邀请家长到校座谈孩子的在校情况。家长比较认同，有问题也及时告诉我，所以我及时掌握了孩子们大致状况的第一手资料。

我想，我有幸和这些孩子们结识，是我们的缘分。我要创造一种公平、公正、宽松的气氛，让孩子们真正喜欢上学、喜欢学校，让他们觉得在校的四年没有白上，认识的老师值得他们尊重。

很多时候，活动更能激发孩子们的集体主义意识。10月20号，我们学校召开了秋季田径运动会，孩子们在尽最大努力的情况下还是名列第四，有几个人哭了。孩子们非常热爱这个集体，与这个集体共荣辱，他们已经尽力了，尽管成绩不是很好。在安慰声中，他们好不容易止住了眼泪。我鼓励他们不灰心、不丧气，发挥出正常水平就可以，不给自己留遗憾！

又过了一周，学校组织拔河比赛。孩子们跑到办公室叫我，要我给他们挑选20人。孩子们站好队，我挑出了20名班内最壮、最高的孩子，大家群情激昂，跃跃欲试。20人的队伍上场，我们的对手是七（二）班。第一次，由于没有经验，孩子们输了。但是，他们的脸上有着不服输的神气。我告诉他们拔河取胜的方法，积聚力量，大家相互鼓劲。第二局，大家齐心协力，赢了！啦啦队的孩子们喊啊、跳啊，欢呼雀跃，犹如一片欢乐的海洋。

三班赢了，这在历史上还是第一次。第二轮，三班又和另一组得胜的四班比赛，孩子们最怕的就是四班。没想到，有了经验和胜利的三班以锐不可当的勇气和力量再次证明了自己的实力，只用了两局就轻松地赢了四班。最后的结局可想而知，三班得了级部第一。那一刻，我真为他们高兴，为他们欢呼。三班赢的真是时候，孩子们正需要一次成功来证明自己、鼓舞自己、寻找自信、建立信心，他们真的做到了！在他们的学习生涯中，这将是一次非常有意义的胜利，鼓舞着三班朝着更好的目标前进。我相信，有了这次的成功经历，孩子们就没有什么困难可以畏惧，困难也就不能称为困难。三班将在原来的基础上

有一个大的进步，将会成为级部的佼佼者，我期盼着、等待着。

抓住时机，我在上课时开始鼓励："同学们，只要我们团结协作、同心同力，就没有克服不了的困难，我们的学习、各项工作都会走在级部的前列。我相信你们，你们相信自己吗？""相信！"响亮的口号声冲出教室。我希望，这不仅仅是我们的口号。

一次成功给他们带来的鼓舞将会是不可估量的，加油吧孩子们！我会和他们一起成长，用我的笔记录下生活中的幸福时刻，用我的笔记录下成长的故事，陪他们笑，陪他们"疯"，陪他们走过一段中学时光。

2011年12月5日

我们一同走过

走进答辩室，里面坐满了评委，围着讲台一圈。尽管我见多了这样的阵势，但心里还是有点激动和紧张。

桌上摆着两道题：一题大意是如何改变教学方式；二是如何面向全体、面对差异。

静下心来，我想了好多。我想到现在我新接手的这个班，班里有57个孩子，每个孩子都有善良、可爱的一面，每个孩子都喜欢上进。只不过是他们的习惯不好，每天教室里满地碎纸屑，不知道打扫；上课时，老师走进教室，他们才低下头去桌洞里找东西，给人一种没有朝气的压抑感。

我只想和他们一同成长，感受他们的幸福，感受他们的快乐。

友友，一个没有父母的孤儿，跟着七十多岁的爷爷奶奶。他憨厚、怯生的样子刺痛了我的心。孩子的爸爸因事故去世，妈妈远嫁他乡，从此就只有爷爷奶奶是他的亲人。我想，在我们这个班级里，我们应该营造一种氛围，让他觉得我们都是他的亲人。

还有瑞瑞，一个上课爱走神的孩子，对学习不感兴趣，我要让他改变自己，感到学习有趣，学校有吸引力，从而喜欢上学。

小丽是没有妈妈的孩子，由于缺少母爱，她喜欢每天走到老师身边，和老师说些生活琐事。这个孩子没有妈妈，没有地方去说自己的心声，没有人愿意听，没有人对她重视，甚至很少有人注意到她！我有什么理由不去倾听呢？

像这样的孩子，我没有忘记他们，时刻在心里记着他们，也时刻注意自己的言行，时刻给他们温暖、爱心，时刻给他们以鼓舞。

作为老师，我有幸和他们认识。认识他们是我的幸运，认识我也是他们的幸运。我不会歧视他们中的任何人，他们都是我的孩子！

我想到了他们在拔河比赛时红彤彤的笑脸，想到了班里得第一时孩子们那激动、忘我的神情，想到了啦啦队的孩子们大声加油，我感受到了他们的幸福。

我发现，他们早已在我的心中。

走出答辩室，我心里异常高兴，我为自己找到了真正的答案，也有了明确的方向。

2011年11月14日

和孩子一起快乐成长

记得五年前的名师答辩，中心意思是我要在从教的年龄和孩子一起快乐成长，想他们所想，急他们所急，真正让自己融入教育教学中，既教书又育人，用自己的思想和行动去感染、引导孩子，让他们既能学到一定的知识，又能学到一些做人的道理，将来走向社会，能感受到老师对他们的关心是发自内心的、真诚的，是他们人生路上的一个重要陪伴。

一、尊重、理解、信任孩子

我在工作中谨记一点，就是尊重、理解、信任孩子。孩子出现问题，我会反复调查，摸清状况，不偏袒，征求孩子们的意见，结合他们的意见进行处理。我把自己的重心降到与他们同一水平，使自己与他们成为共同经历者，一起面对。此时的我很容易与他们打成一片，成为他们的贴心人。

我相信孩子们，相信他们能做最好的自己。有时候孩子们犯了错误，我会在办公室帮他们分析原因，让他们认识到问题的严重性，并期待他们能认真改正，不再犯同样的错误。

今天下午放学后，三班的两个男生打了起来，是小超和小杰。他俩本来是关系很好的朋友，在班里是自称F4的成员。今天莫名其妙就打起来，老师和好多男孩都拉不开。

我把他俩叫到办公室，他俩还都不服气，在办公室里说着说着又打起来，两人互不相让。我们劲太小，怎么也拉不开，只好叫来了男老师。在这种情形

下，拳头比道理好使。

处理好问题，我才让他们回家。此时他们也都认为自己的做法有点过分，以后改正自己。从那以后，他们仍然是好朋友，形影不离，不再打架。

二、让孩子们先喜欢我，再喜欢我的课堂

我的课堂力争有趣，说话要说孩子们感兴趣的话。我会给他们讲故事，讲社会上发生的热门事件，让孩子们觉得我不会板着一张数学脸；我会给他们讲最新的新闻，让他们开阔视野，同时也听听孩子们的看法；我会给他们讲有意义、有启迪性的故事，开发孩子的智力，有时也和他们猜谜语，读一些名人的文章，开阔思路。

让课堂不寂寞、不冷场，让孩子们有事干、敢说话、敢表达、敢争辩，气氛活跃。如果说我带的孩子的数学成绩还不错的话，也许得益于他们喜欢我的课堂吧。

我想，孩子的成绩是相通的，一科成绩好了，也能带动其他科目的学习。孩子们的积极性高涨，不用督促也会认真学习。

三、言出必行，做个有诚信的老师

教师就应该是这样，言出必行，不随便许诺，但一旦说了就一定做到。比如作业，做了就检查，孩子们出现了什么问题一定及时告诉他们，让他们改正，并保证不会犯同样的错误；作业谁交谁没交，做到心中有数，可以有针对性地教学。要求孩子们做到的，老师一定先做到，否则工作就没有说服力。

每年的假期，学校负责人都会在校值班。轮到我值班时，我会叫班内的孩子们到校，由我辅导他们的学科学习，并坚持了整个的假期。毕竟在学校里，他们的效率更高。当然我是免费辅导的，从来不收他们的任何费用。

我以自己的言行给孩子们做榜样，保证和他们说到做到。我觉得，老师就应该堂堂正正，"学为人师，行为世范"。

四、正确面对孩子们出现的问题

人都会犯错误，出现问题要及时整改。但不要给孩子贴标签，单纯地认

为哪个孩子好，哪个孩子不好。这一点我感触很深。如果我们戴着墨镜看世界，再好的风景也是黑的；如果戴着墨镜看孩子们，再优秀的孩子也是缺点多多。

　　所以，出现问题后讲清楚道理，做好心理疏导，是很有必要的。

2016年7月20日

幸福的班主任

"老师，打架了！"随着孩子们的大喊，我跑进教室，只见小翔一只手抓着小志的手腕，小志手里抓着水杯。小翔就是不松手，俩人僵持着。

"老师，打架了！"我看见小志和小云拧在一起，把他俩拉开，小志的胳膊上出现了三道血痕，中间渗出血丝，小云依然不依不饶。

刚处理完这事，一会孩子们又喊："老师，小云把饮料倒在小宇身上，小宇的裤子全湿了。"随后又一个来告状的，原来小云把饮料瓶放在一个女生的桌洞里。

"老师，小凯经常吃东西！"小雨刚把面包放进书洞，就站起来打小报告。

这就是真实的班主任生活，生活在一群孩子中间，天天为他们处理琐事。我们或许觉得很无聊，可是孩子们都在乎，都想确定自己是对的、对方是错的，他们打架也是为了让自己成为一个"胜利的英雄"。

这就是我，年过半百，头发花白，依然又当上了六年级的班主任，依然重新走上和孩子们一起成长的那条路。

我想要对孩子们说，走进教室要保持安静，这是我对孩子们的要求。但是，到现在依然有孩子我行我素。站在教室里大声喊叫，他们不认为有什么不对；上课了，和同桌说几句话，他们认为很正常；老师讲课，不认真听讲，他们觉得自己很有理；校长走进教室，他们照样大喊大叫，因为校长不是班主任，只有班主任才有权管他们。这个年龄段的孩子就是这样，有点无拘无束、自由自在，甚至有点"无法无天"。

想要孩子们从他律走向自律，这个过程很难，但是慢慢来，我相信他们会做到，因为他们有很多的优点，会变得越来越好。我要让他们知道，自己的不自觉会影响他人，给他人带来不方便。

我想让他们保持自己的特点和个性，做最好的自己。我的班里有很多高人，有文言文写得很棒的才子，有运动才能很高的佼佼者，有爱好书法的书写者，有书画作品获市一等奖的小小艺术家，有会各种乐器的小演奏家，有演唱很好的小歌唱家。我不会抹杀他们的个性，要让他们能自主发展。希望老师们也能因人制宜，发展他们的个性。

教育是一个慢的事业，急不得，要遵循规律做，要潜下心来做。我可能没有孩子们跑操快，可是我不掉队；我可能没有孩子们想法多，但我尽力去想、尽力去做，笨鸟先飞；我可能没有孩子们思想超前，但我会去试着玩他们的游戏，体会他们的感受，试着和他们一起成长。

"老骥伏枥，志在千里。烈士暮年，壮心不已。"我会试着改变自己，度过这发展的瓶颈期，尽力去做，不遗余力。也许不会成功，但是希望我所带出的孩子都有所成就，有理想的未来，有正确的"三观"。我想和孩子们一起快乐地度过这几年时光，让他们认为有我是他们的荣幸，我有他们是我的福气！

2016年7月20日

我和四班的故事

我年过半百，以一个中年人的姿态，顶着一头白发，机缘巧合地成了六年级四班的班主任。

多年不干班主任，我有些生疏，又有些激动。班主任是一群孩子的头儿，每天和他们周旋在一起，每天听着他们开心的话语，我心里也是异常激动，似乎自己又年轻了几岁。

我发现我们班的孩子藏龙卧虎，似乎每人都身怀绝技，但又不露。于是大家都说，四班的孩子不可小觑。每天我们班都在上演不同的情景剧，每个人每天的角色都不同。

一、班长

我们班的班长是自己主动要求干的，的确干得很好，每天查纪律、查学习，负责班里所有的工作。这个孩子是个才子，那时我们在征集材料，他着实露了一手。下面是他的自我介绍：

老师垂鉴，今余以拙略数言自我介绍，望师听闻！

子不才，莱芜张家洼芹村，吕姓，名佳硕，取仁候佳音、硕学通儒之意。初入人世欲习李姓，拆而为名曰"木子"，妙也。然吾吕姓拆为"口口"，实难启齿，遂有现名，其为笑谈，不足论尔。

恩年壹拾逾二，吾之双亲，操劳半世，身体康健，家之大幸。吾乃家中长子，性温和，娴静少言，诚以待人。虽貌不及徐公，才不及孔明，然好读国学，乐李诗仙之狂放，欣陶靖节之悠远。不羡孔北海之座上客常满，但求吾辈架上书常在。自识字，即嗜阅。童蒙借图识故，小学由拼音识意。由是而长，渐登堂而入室。凡读书，不只识其文，更求达其意。吾性情中人者，为人谨慎，喜交天下才俊也。

闲而逸，象棋以自娱，论棋艺，曾屡次参加济南—莱芜对抗赛、莱芜象棋争霸赛，偶有夺冠。九岁初入山东省业余象棋联赛，赛在枣庄，战战惶惶，汗出如浆，第九而终，无缘前八，全国赛与吾擦肩而过，悔也！不亦乐乎？达者必如是也！

观其人，自小即为班干，称其职而乐其业。师者之助，学者之友也。

吾之略介若此也，望老师恩垂赐教。

吕佳硕

看过他的自我介绍，我的心里突然觉得有些惶恐，这样的孩子们我能教他些什么？

二、我带班的目的是什么

这几年，我去北京、上海听过不少课，其中不乏名家。于漪老师，84岁高龄仍然做报告。当听到她那发自肺腑的对教育的情怀、对孩子们的爱时，我内心的触动不言而喻。她对教育有着"宗教般的虔诚"："你今天的教育质量就是明天的国民素质，因为一个孩子只有一个生命、一个青春。因此，你要对他全心全意，他生命的质量相当程度上就是你怎么言教又怎么身传的。所以，我觉得你要教孩子们做人，最最重要的就是你自己要努力成为一个大写的人。"

听着名家的课，我心潮澎湃，激动之余扪心自问："我的孩子们将来会怎么样？我要培养他们成为什么样的人？"我想，他们一定要具备矫健的体魄、敏捷的思维、积极的心态、乐观的态度。

三、活动促成长

刚入学时，我们举行了一个欢迎仪式，时间半小时。孩子们陆续倒下18个，一个个面色苍白、身体瘦小，体质非常差。

入学一周后，六年级参加学校的鼓号操表演，大家激情满满，积极参加训

练。一个月的时间，孩子们练得有模有样，每天都在进步。准备参加比赛时，选人却出现了问题。孩子们喜欢参加，无奈家长不同意。有的孩子小鼓已经敲得很好了，但被家长赶了回来；有的孩子小号吹得有模有样，家长直接到校找到老师，就是不让孩子参加。

鉴于这种情况，我想说说这个问题，但是又害怕说了也白说，因为太苍白。

第三周，学校通知举办国庆节书画展。周末前，我强调所有人全部都要参加。好多孩子就啊啊地叫个不停，不喜欢，也不懂，怕耽误学习。孩子们有个错误的认识，认为只要不是学习的事情，一定不参加，肯定耽误学习。所以，所有的活动都不积极、不参加、不主动。在我的"高压"下，周一大部分孩子上交了作品，尽管有些作品还略显粗糙，但也看出孩子们的用心。作品经过评选，选出了部分获奖作品，四班有四个孩子们获奖。当我拿着奖品发给大家时，孩子们心里充满了羡慕。这一刻，我意识到时机已经成熟，不需要我再督促，很多工作孩子们都能顺利完成。

三周后，学校通知准备举办运动会。此时，孩子们的士气受到鼓舞，不用我动员，大家自己选出运动员，所有参加的孩子积极主动锻炼，争取好成绩。运动会之前，所有人都告诉我，我们班运动会成绩肯定不好，因为运动员都在二班和五班，我们只能奋力争第三。我告诉孩子们，我们重在参与，至于名次是次要的。我想，运动会是一个非常好的时机，锻炼孩子们的身体，磨炼孩子们的意志，通过运动会让大家感受到集体的力量和团结的重要。

运动会之前，我通过活动激发大家的热情，让孩子们学会关心他人、关心集体。好多孩子参加运动会都是积极主动的，没有参加的孩子也要有所表示。原来的运动会，大家都想方设法为运动员做些什么，可以为他们服务，也可以给他们买些小东西吃，如巧克力、糖果、水果等。趁着这次绝好的机会，我想正是我们统一思想的时候，可以让他们明白自己在集体中怎么做。

我说："同学们，明天开运动会，我们的运动员很辛苦，我们能为他们做些什么呢？"大家你看看我、我看看你，不知怎么回答。

我又说："这样吧，我明天给大家买些蛋糕来，因为中间大家会饿。"这时他们就知道怎么做了，于是你一言我一语，叽叽喳喳地讨论起来。

第二天，我们班就像是开party，准备了各种好吃的：水果、牛奶、巧克力、糖果、各种面包、饮料等，大家尽情享受这幸福的时光。有的孩子说：

"老师真好，就像是开联欢会，有各种好吃的，可以吃别人的好东西，也有好东西和别人分享，真好！"孩子们变得不再自私，愿意拿出东西来和大家一起享用。我买了巧克力和蛋糕，孩子们也不拘束，拿来就吃，还把好吃的放在我的口袋里、手里，我收获了孩子们满满的爱。

比赛开始，我们的运动员在场上时，大家的加油呐喊声此起彼伏，喊出满满的爱的声音。哪个孩子有什么问题，就有其他孩子上前帮忙，真正激发了大家的热情。

小全参加400米跑，由于锻炼时间少，他由第一落到勉强坚持下来，比赛结束后他哭了起来。孩子们聚在他的周围，你一言我一语地劝他，这次没取得好成绩，下次再来，显示了孩子们的集体主义荣誉感。

运动会上，小越参加短跑，一百米和二百米。预赛只有二百米进了决赛，并且是第八名。

决赛开始了，小越不慌不忙，沉着冷静。枪声一响，他像是离弦的箭，"嗖"地一下窜出去，奋力前进，最终取得了第五名的成绩。我们为他加油的呐喊声响彻云霄。小越的成绩不是最主要的，关键是经过比赛，他自己有了对生活的感悟。我希望他越来越好！

800米预决赛就要开始啦，小飞脚疼。我说："能坚持就去，不能坚持就不参加，身体要紧。"最后关头，小飞仍然健步跑在跑道上。我们大家为她加油，更因为她的精神备受鼓舞。当她一瘸一拐地回到班里时，我看到为了集体、为了自己的梦想坚持不放弃的孩子，我为她高兴！我希望她将来和现在一样，不会因为一点困难就放弃。

小平第一次参加中长跑，当她在跑道上飞奔时，我们为她欢呼、为她加油。她累得想要退下来，却没有放弃，并且坚持到最后。此时的名次已经不重要，关键是孩子坚持到底的决心、勇气。相信她比我们都有体会，也相信她未来会勇往直前。

小哲参加运动会是自己主动报名的："老师，我要参加铅球和铁饼比赛。"我看着胖胖的他，心里也没底。我请人教他，他虚心学习，每天很早到校，坚持锻炼，结果他的铁饼取得了第一名的好成绩。比赛结束，他跑到我的面前："老师，我铁饼第一。""是吗？祝贺你！"孩子的脸上洋溢着浓浓的幸福！这一刻，再多的语言也是多余，还有什么比这个更好呢？

　　小新是中长跑运动员，参加400米和800米两项比赛。但是由于400米最后冲刺时岔道，取消了成绩。800米得了第二，他一路坚持，不嫌累、不嫌苦，这种精神值得大家为他点赞！

　　小冉主动报名参加运动会铁饼项目，但没有经验，更不会姿势。我找人教她，她虚心学习，取得了第二名的好成绩。

　　体育委员小深积极组织大家参加，没人上场他就临时顶上，这种精神值得我们学习！

　　小美和晶晶一起参加女子接力，我们班女子接力获得第一名，取得了完美的胜利！

　　我们班是团结协作的班集体，是集合大家智慧与力量的班集体，我希望我们的将来都是最好的！运动会我们的表现非常好，还有什么困难克服不了呢？我相信大家，相信孩子们！

　　我们班运动会团体总分第二名，仅仅比第一名低两分。

运动会上孩子们的积极表现

2017年11月3日

他不行，你可以

——活出让孩子们仰慕的样子

小翔是班内比较调皮的孩子。六年级开学前就有人告诉我，这个孩子家长护得很严，很溺爱，如果老师说话让他觉得不好听，或者批评他，家长就会找来。开学后，我观察了这个孩子，发现他比较活泼好动，品行也不错，只是因为家长的原因被老师们"特殊照顾"。

作为班主任，我要给孩子一个什么样的环境，让孩子们成为什么样的人，自己对自己有什么定位，我的办班宗旨是什么，我一直在想这些问题。

昨天，果冻和小翔又因为一点小事拌嘴。小翔坚持怨果冻，说是果冻打了他。果冻很老实，不会无缘无故地打人。我就说："小翔，你打人了吗？"果冻说下课时间打了他。但是，小翔依旧不依不饶，坚持说果冻打他不行。我随口一问："他打你不行，谁打你行？"没想到小翔马上说："他不行，你行！"

我在想，孩子现在接纳了我，开始依赖我、喜欢我，我的目的已经达到了。他愿意让老师批评他，但不希望同学打他。我发现，有时间他就会凑在我的面前跟我聊天，有时有意无意地去办公室找我，他在我这里找到了安全感。

我反思自己这段时间的做法，总结了以下几点：

一是公正公平地处理班内事件，使孩子们不会觉得自己委屈。这是孩子们愿意接受的。大家都希望生活在一个公平的环境中，接受同样的教育。我不会

偏向任何一个孩子，并且创设良好的班风，让孩子们在这里接受教育，让他们受益终生。

二是创设良好的环境，让他们有时间去学习。我和他们一起去图书室借阅图书，陪着他们一起学习。早上阅读，中午也可以阅读。我发现有好多爱学习的孩子有时间就看书学习，这是一个好的现象。睡午觉时，调皮的孩子安静下来，精力充沛的孩子也安静下来，他们投身于阅读中。我不知道他们将来会怎样，但是我想这对他们的一生或许有许多益处。

三是让孩子们喜欢我。我和他们的代沟有多大，我自己心知肚明。应该说，我是他们奶奶辈的人，现在仍然在和他们一起学习、生活。如果他们看到我就讨厌，那么就不会"信其师，亲其道"。我要活出让孩子们仰慕的样子！于是我试着改变自己，让自己接地气，和他们一起跑操，一起吃饭、学习、午睡，不特别、不特殊。看到我每天在他们面前晃动，孩子们有安全感，知道我特别亲切，慢慢开始接纳我。我也在有意无意中表现自己，比如偶尔唱一首歌，偶尔给他们讲故事，或者领着他们看电影，接受一些教育，慢慢就活成了他们仰慕的样子。在孩子们的心中，我很了不起，我的教育目的就达到了。

当好班主任，先要活成孩子们仰慕的样子！

2017年10月11日

表扬的力量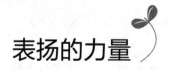

今天是周三，六年级（四）班的小天没有到校。

没一会，他的爷爷来到学校，坐下就说："你不打电话我也准备来。孩子没到校，我要主动告诉老师，不要让你们着急。孩子很好，上初中以后，每天回家先做作业，看书学习，我很满意。"停顿了一下又说，"在小学时老是出问题，不是今天调皮就是不去上学，或者逃学，但现在不是了。这孩子真是变好了，得感谢老师，亏了你们呢！"

听到家长这样说，我心里很欣慰。毕竟，这孩子刚来时学习习惯不好，大家都很着急，也急于求成地想让他有一个大的进步。但是有些事情往往急不得，越急事情越糟糕，越适得其反。

我想，小天的进步应归功于我对他的信任和表扬。

刚开学时，我知道了这个孩子来自单亲家庭，平时是爷爷奶奶照顾他，所以我特别关注他。这个孩子平日里穿得整整齐齐，衣服、鞋子干干净净，小脸洗得白白净净，是一个讨人喜欢的孩子。上课时我多留意他，发现他总是认真听讲、认真学习。有一段时间，我发现他进步很快。由于听讲特别认真，他的作业很少出现问题，并且书写也很认真。虽然字写得不是很好看，但非常干净、整洁，一丝不苟，看得出他是一个追求上进的好孩子。在课堂上，我多次表扬他："大家看小天同学的作业，书写干净、认真、整洁，多好，我们都要向他学习，也希望他继续努力。"

期中考试，他的数学成绩很好，接近满分。我在班内充满激情地表扬他，

让大家为他鼓掌。他非常激动，小脸通红。在每一次小小的成功后，或是每一天的作业中，或是每天的课堂上，我经常表扬他，他也更高兴地投入学习。家长会是爷爷来参加的，我也在会上表扬了他，号召所有孩子和家长都要向他学习。

周二早上，我检查晚作业时发现小天的作业一道题也没错，并且写得非常认真，我又表扬了她一番。我发现孩子的小脸红彤彤的，充满自豪。是的，我怎么会吝惜一句表扬呢？并且，他确实表现得非常好啊！几次三番的表扬给了他信心，他变得爱上学、爱学习，也变得活泼起来。

静下心来我也在思考，表扬的力量真的有那么大吗？这中间难道不会反复吗？如果进入青春叛逆期，他会一直这样好吗？我们是不是应该关注孩子的心理变化？遇到事情，但愿他有能力不受诱惑。我努力帮助孩子度过这一段叛逆期，让他在人生路上踏实地走下去。

表扬对小天是有用的，但是用在其他孩子身上还会有这样的效果吗？这是六年级的孩子，对高年级的孩子还管用吗？这真的值得思考。

后记：

四年后，这个孩子顺利地考入高中继续学习。但愿他能顽强地走下去，努力学习，将来有自己的用武之地。

2013年12月10日

做孩子们喜欢的老师

今天，我整理材料填了一个表，是莱芜市首届"孩子最喜欢的老师"。这是根据孩子们投票选出来的，根据投票，我是第一名。

这既在意料之中，又在意料之外。今年是合校后的第一年，两个学校的孩子首次合在一起，多年来形成的文化传统不会一下就改变，多年来形成的管理模式也不会一时发生变化，我觉得压力巨大。在战战兢兢中，我们一起度过了紧张的一年，送走了这一级毕业班，现在才松了一口气。

不管怎么说，我心里很高兴。多年以来，我一直把自己的教育梦想定位为"做孩子们最喜欢的老师，与孩子们一起快乐成长，上孩子们喜欢的课，与孩子们一起感受数学的美，陶醉于知识的海洋，关心爱护每个孩子，和孩子一起度过初中四年，让孩子们树立正确的人生观、价值观，让孩子们喜欢上我的课"。

今年，我又接手了一个六年级班。对于初中低年级的孩子们，我一直采取的教学方法是激发兴趣。我有各种激发兴趣的方法，如讲故事、做游戏、找规律、小竞赛等，就连小学里面成绩很差的孩子也开始喜欢数学，尽管他们的成绩仍然不理想，但有这份热情就已足够。有三个不会算数的孩子：张燕、宋燕、吕林，一到课间就跑过来问我："老师，这个题怎么做？"我耐心地一一辅导，及时表扬他们，给他们一点小小的自信，让这些孩子更喜欢数学。孩子的心是透亮的，什么都看得很真切，老师对他好，他就想办法回报老师，上课认真听讲，认真完成作业，不懂就问，不会就学。

所以，老师就像阳光，照亮了孩子们的心，孩子们也跟着阳光起来。

现在，我们正行走在追梦的路上。就让我和孩子们一起踏上快乐的旅程吧，一起感受四年的时光，感受这四年中我们的身心变化，一起快乐成长！

2013年11月7日

改变方式方法，收获多多

这几天，我一直在为孩子们"提公因式法"的学习感到苦恼，一直反思问题出在哪里。为什么自己的教学在新学期刚开始就出问题？为什么经过一个假期，我们的师生关系如此不和谐？最近几天时间，我忙于开学的教学管理，关注全校的孩子比较多，所以对自己班的孩子疏于管理，没有多做了解，在教学时出现了问题，我一直认为是自己的问题。

孩子们对学习的兴趣点、关注点与老师的教学有很大关系，我一直这样认为。有关专家的研究也认为，孩子们的学习如果是自己讲解给别人听，那孩子们会记住的更多。所以，下一节的教学我要采取其他方法。

今天上午第四节是我的数学课，我知道好多孩子已经饿了，肚子咕咕叫，精力不集中。我找了四个女孩到黑板上板演，把完全平方式的乘法公式写下来，然后又让她们将公式倒过来写。经过分析发现，这就是一个因式分解的式子。

接下来，我让孩子们找出字母的取值范围，先从单项式开始，然后是复杂的单项式，再是多项式，最后是比较复杂的多项式。我让孩子们换着出题，提问个别问题，孩子们掌握得基本不错。然后我让孩子们给我出题，看能否难住我。孩子们跃跃欲试，情绪高涨，一个个绞尽脑汁。因为改变了教学方法，我发现孩子们积极性很高、很投入。于是我就想，以后每节课都要给他们不一样的感受。

中午，我留了十道小题让孩子们做。5分钟后，很多孩子就做完了，然后迫

不及待地让我给检查一下。我接过作业本，一本一本地看完，发现没有一个孩子做错。

看完作业我忽然发现，改变自己，改变自己的教学方式，改变自己的心态，改变自己的思维方式，让自己的思想跟上孩子的现状，更容易与孩子产生共鸣，更容易走进孩子的内心，教学就容易成功。

2015年9月10日

学数学需要智慧，教数学更需要智慧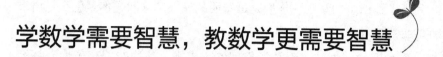

2011年5月5日，我在大王庄中学参加"单元主题教学和一题多解思维方法训练研讨会"，有幸聆听了数学专家——符永平老师的讲课及报告。

符永平，江苏南通人，追求诗意的生命教学——中学数学"再创造"发现式系统课研究与实践课题主持人。我观摩了他的激情课堂，又听了他的精彩报告，内心非常震撼、非常激动，很久没听过这么好的课了。

我平时听课并不少，每学年不下百节，听过名师的课，也听过普通老师的课，有实实在在的课，也有比较好听的课。这些课总体印象差不多，基本是就课本讲课本，教材的挖掘也是在宽度、深度上进行了拓展，沿着教材的编排体系，按部就班地传授知识。今天的课堂——一元二次方程《章头图导学课》，让我感觉耳目一新，受益颇深。具体来说有以下几点：

1. 教师的思维切入点较好

本节课没有课本，孩子们也不需要课本，老师一步一步引导着孩子们去达到目的。需要注意的是，老师也只是提醒孩子们注意，并不是一味地讲解。比如在一元二次方程中，关于二次项系数不为0的条件有时容易被忽略。符老师在处理时很有技巧，他让孩子们编题目，设置陷阱。平时的课堂，我总是让孩子们找一下哪些地方需要注意，在做题时注意就行，但孩子们还是容易出错。符老师的课堂让孩子们设置陷阱，孩子们总要动脑想一下，这个陷阱要怎么挖才能让他人不知不觉地掉进去。这个想的过程充分体现了孩子们的积极性，孩子们很有兴趣。可以出题目刁难老师，孩子们的心理肯定有很大的变化，心情一

激动，学习兴趣就来了，积极性高涨，学的东西肯定记得牢。

2. 使劲鼓励孩子们

符老师一直在鼓励孩子们，只要孩子们说了问题，即使不正确，他也给予适当的鼓励。孩子们如果回答正确，他的鼓励更是让孩子们激动："专家也是这样说。""你叫什么名字，可以用你的名字来命名。""你非常厉害！""我走了那么多的学校，你们是最聪明的。""这问题你是怎么想出来的，你真是非常聪明。"

反观我们的课堂，老师一看孩子们回答不出来，往往对着孩子们一顿批评。久而久之，谁都不愿学习数学，孩子们越到高年级越不吭声，越到高年级成绩越差。

3. 整节课条理清晰

一节课，符老师就讲了三个问题：为什么学、学什么、怎么学。

为什么学？是为了欣赏美，发现问题、解决问题。学什么？学定义、解法、应用。怎么学？自己编教材，用转化的思想降次，将一元二次方程转化为一元一次方程。

一节课在不知不觉中结束了，可是我们却意犹未尽。其实，符老师才是老歌新唱、浅印深痕。不过是一节平平常常的课，可是他却上出了新意，上得让我们刮目相看。

4. 指导孩子们写数学小论文

符老师是一个有心人，他自己喜欢写东西，并且也指导孩子们写东西。每次有一个小小的发现，他都会让孩子们写下来。孩子们写了很多小文章，如"从数学旁边走过""抄了一次答案后的反思""都是负号搞的鬼""感谢失败""乘车体验函数去"，等等。孩子们会写了，思想觉悟也高了，成绩也能很快提升。

数学是基础学科，基础要打好、打牢，没有一点真功夫还是很难学好的。同样，没有真功夫也很难教好。所以，学数学需要智慧，教数学更需要智慧。符老师正是用智慧在教数学、做数学。

2011年5月10日

享受课堂

我工作马上三十年了，做了三十年的老师，教了一辈子课，每天备完课，走进教室，与孩子们共同度过四十五分钟。每当我满怀激情地上完一节课，发现孩子们竟也信心满满地学完四十五分钟。看到他们满意的笑容，我心里非常高兴，也满怀感激，一直在想：我在享受上课、享受课堂，把上课变成一种享受、一种快乐、一种愉悦，充实自己的人生，充实自己的生活。当上课变成我们的享受时，孩子将是充满激情、热情高涨的，课堂将是快乐高效的，也是师生互动双赢的课堂。我们将会在自己的工作中拓展生命的宽度，充实生命的厚度，提升生命的高度，并在工作中绽放自己。

我在备课时如何处理本节知识，先整体再部分还是先部分再整体；哪些是重点知识，哪些需要重点讲解；体现了哪些数学思想，会有多少孩子掌握得好，会有哪些孩子出问题，哪些孩子会模糊。然后我就期待着下一节课的到来。每一节课我都希望有收获，希望孩子们有好的表现，希望在师生的互动中发现孩子们思维能力的提升，发现每个孩子都有进步。刘帆依然有很好的表现；刘林可能对某个难题找出了新的方法；吕乐会不会走神；王岳可能又积极举手，但回答往往不完整，思考只是停留在表面；李程又会有很好的表现……

我在享受课堂，课堂是孩子们的，孩子们的课堂让孩子们做主。规划设计好每一堂课，让孩子们的学习既有宽度又有厚度，让孩子们的生命在和老师、同学的对话中经历一次次磨练，让孩子们在和老师、同学的一次次思维碰撞中渐渐成熟起来。我喜欢看他们因为一个题目争得面红耳赤，每当此时，他们都会抬起头充满希望地望着我，要我公布正确答案。正确的一方心里美滋滋的，做错的一方又不甘心，他们都期待着下一次的辩论。

我向往轻松自由、优质高效的课堂。有一天我们在学方程的解法，看着课后的几个习题，我心里也发毛：不做吧，对孩子们不负责；做吧，又很麻烦。我在课下先做了一遍，结果六道题目我只做对了两道。一个鲜活的课题让我用在课堂上——挑战数学老师："同学们，今天的课后习题有六个方程，我在课下解了一下，同学们猜一猜，我做对了几个？"课堂气氛一下活跃了起来，孩子们说什么的都有：六个、四个、三个、老师还会出错，没人敢往少了说。看着笑眯眯的我，他们也在嘀咕：说多了吧，不甘心；说少了吧，不好意思。其实我也看得出，他们多想老师做得差一些啊。

"不敢说吗？我只做对了两题呀。"

"呀！不可能。"虽然这样说，但是孩子们还是发出了清脆的笑声。

"同学们，这样的题目我也做错了四个，如果你们做题的话，会怎么样呢？"我故意拉长了声音，以此提高孩子们的信心。

"保证全对！"一部分这样喊的。

"至少做对四个！"

可以想象这节课的效果，孩子们在轻松愉悦的环境下很快完成了任务。这节课我回味无穷，其实"弟子不必不如师，师不必贤于弟子"，暴露自己的缺点未必就是不成功的，可以用这些来激励孩子们，激发孩子们的学习兴趣。

我喜欢上课，喜欢课堂，更多是源于孩子们喜欢课堂。孩子们喜欢在课堂上自己的精彩表现，喜欢掌握知识后被老师充分肯定的那一份满满的自信心和成就感。

我的课堂用得最多的是肯定和表扬。比如，吕乐在课堂上的表现非常好，尽管他是一个淘气的孩子，但字写得工工整整、干干净净，题目做得非常正确。我就用这一点来表扬他，以此树立他的自信。在我的每一节课上，他都很认真，成绩也越来越好。吕伟，一个听话温顺的小男孩，成绩中等。课堂上我找他的优点表扬他、鼓励他，让他讲题给大家听。在一次次的表扬中，他成长了，成绩越来越好。期末统考，他的数学考出了105分的好成绩，令同学们刮目相看。他的转化就在课堂上，他非常喜欢上数学课，喜欢我的表扬，我想他更多的是喜欢自己对知识的完整把握，对自己的学习充满信心，也就更有信心走好自己的人生路。

世界就是这样神奇，在老师一次次的表扬中，好多孩子成熟起来，更多孩子更有自信。

刘帆，几次考试都是级部第一。刚上六年级时，她的数学成绩并不是很好，课堂上第一个举手发言的不会是她。她回答问题时，有时不太有条理，有时思路不清晰。在慢慢引导后，她的表达越来越好、越来越有条理、越来越清晰。现在，刘帆成了我们班的佼佼者，每次出现不会的难题，刘帆都能给我们解答，她成了孩子们的小老师，也成了我的小老师。从她的成长中，我发现孩子们喜欢老师的表扬，喜欢老师的肯定，喜欢自己在同龄人中成为优秀者、佼佼者。

我的课堂可能不是最好的，但一定是有力的、厚重的，因为我在这里倾注了心血，我把自己的青春、激情都放在里面。我希望课堂是高效的，让孩子们在课堂上生动起来、快乐起来，实现生命的狂欢，主动、快乐地学习。我还希望孩子们可持续地发展，所以我的课堂有时会发散孩子们的思维。思维打不开的课堂，孩子们也不会喜欢。在课堂上，孩子们经历着一次次的挑战，也经历着一次次错误的考验，但是挑战会给他们动力，让他们在一次次历练中成熟起来，让他们一次次接近成功。

享受课堂吧，你会发现自己越来越自信、越来越美丽、越来越有内涵、越来越有气质。

2014年10月22日

成　长

昨天上午第一节课，南边的孩子们都捂着鼻子，有的还嘴里发出声音，脸上一副怪异的模样。一会儿，几个人叽叽喳喳的声音比较大。原来是期胜身上发出一股异味，有点像臭咸鱼味。恰逢天公不作美，窗外也飘进来一股臭味，空气质量很差。

我一问什么事情，孩子们纷纷指责他，嫌他不干净、不卫生，大家一片怨言。听着孩子们的指责声，我想，如果我也说他几句，那孩子在班内的地位可想而知，对他的成长不利。我说："同学们不要乱发表意见，身上有点脏是情有可原的，可能没洗澡，或是有其他原因。"我制止了孩子们乱哄哄的声音，又说："今天晚上，期胜所有的作业都不要做，只有一个任务——让家长陪着洗澡。明天早上，所有的课代表不许检查他的作业。"

顿了顿，我又补了一句："期胜，你能完成吗？"

期胜抬起头，怯怯地说了一句："能！"

"好，老师相信你！"

第二天，他真的干干净净到校，小脸上露出了自豪。"大家看，期胜认真完成了任务，这说明他真的是一个好孩子，说到做到，有担当，我觉得这样的孩子干什么都能干好，当然也包括学习。大家觉得怎样？"

孩子们为他鼓起掌。我看到大家的眼睛里充满了希望，真的希望他能有更大的进步。

六、七年级的孩子衣服脏的主要原因在于家长。家长疏于管理，孩子小，尤其男孩子，他们不认为脏是不好的，没有卫生、干净的概念。

我想，孩子真正融入集体中才会成长。如果个人卫生差，同学们有意见，自己马上就改，这就是进步。他知道自己干干净净对班集体有好处，这就是一种成长，学习、纪律也是一样。让自己融入一个优秀的大家庭，无时无刻不在成长、进步。

2014年11月13日

轻松的课堂

多年上课，我班的孩子们已经习惯了我的冷冽。我是不会轻易对着他们笑的，因为那样会让他们误认为我脾气好，我可不是好脾气的人。从年轻时就是这样，所以我的课堂孩子们的纪律很好，没有人调皮捣乱，我不用刻意去组织教学，成绩也很不错。

后来，一个别的班的孩子跑到办公室对我说："老师，我们班主任整天板着一张脸，真吓人。"这让我一下有所触动，如果老是板着脸，孩子们可能更厌烦。我也开始变着法儿地哄他们，因为现在的孩子已经不是八、九十年代的孩子们，只知道学习知识能改变自身命运，进而改变家庭的命运，他们有知识、有文化、会思考、要公平，有开阔的视野。

上节课，我们学习平行四边形的判定三：两条对角线互相平分的四边形是平行四边形。有一道练习题，志成要举手回答，因为他的成绩不突出，我很想给他机会。他站起来后，解题的思路基本正确，但讲得结结巴巴。我就说："这样吧，同学们，我给他当秘书，可以吧？""行。"好多孩子点头答应。于是，志成边说我边翻译，把他的意思说给大家听。同时我问："这样说对吗？你们懂吗？"孩子们高兴地答应着，认真地听着。题目讲完了，我的使命也结束了。我问大家："我这秘书合格吗？""比老板好！"大家几乎异口同声，说完都开心得笑了，我也笑了起来。一个题目轻轻松松地让大家找到了方法。志成虽然自己不是很会，但是老师的帮助让他有了面子，也找到了方法，同时还巧妙地保护了他的自尊心，没有损伤他的自信心。课在轻松愉悦中结束了，孩子们也喜欢这样上课。所以，有时随机应变还是很有必要的。

好多年前我就开始改变自己，与时俱进，否则就会被时代淘汰。自己工作了一辈子，与孩子们有代沟是正常的，如果自己被自己打败，岂不是太惨？于是，我不断学习、不断努力，一直在改变自己，让自己的行动力图敏捷，让自己的思想赶上孩子们的日新月异。

我可以允许自己的精力、体力有所改变，但是我不允许自己的信心被打倒。我想，不管什么时候，我还是那个充满自信、有活力的人。

2015年12月10日

功夫在平时

临近期末考试，孩子们的家庭作业多了起来。仅仅一个元旦，连周末共3天，一个班的作业有13张试卷，还有诸如背诵的英语、生物、历史等，比上学还要累。孩子们叫苦连天，一个个说起作业就咬牙切齿，恨不得不做，恨不得撕碎了作业。瞧着孩子们一副苦大仇深的样子，我心里直叫苦，我能说什么呢？

关于作业，我强调过让老师们少布置，严格按照要求来做。但是老师们也有自己的苦衷。马上期末统考，正在复习的关键时刻，如果作业跟不上，只有那么几节课，怎么让孩子们学好？

为了少做作业或者不做作业，孩子们想尽了各种方法。早上早到校抄同学的，连默写的英语单词也抄同学的；或者晚上和同学一起上QQ，边聊天边要答案；或者用手机拍下题目一搜，直接出标准答案；要不就打电话找同学一问，答案也马上会有；再有上课时去其他班借一下同学的作业，权且充当一下自己的作业。

老师就像侦探，一遍遍在侦查，看谁不用心、谁不认真学习。发现不用心做作业的，老师自己还生气。是啊，老师辛辛苦苦设计了作业，自己觉得很好了，可是孩子们不买账，就是不用心。孩子们认为老师剥夺了他们休息的时间，耽误了他们玩耍的时间。虽然在学校里都是好孩子，一副认真学习、不达目的誓不罢休的样子，但回家后恨不得没有作业，尽情玩耍。

老师站在自己的角度，认为自己做得很好、很正确，却没有站在孩子的角度看问题。殊不知，现在孩子们的作业是越减越重、越减越多。

　　临近期末，我们应该将所有知识给孩子们梳理一遍，将知识点理清，筛选习题，尽量全面，并突出重点。功夫应该用在平时的课堂上，到期末时才不会慌。抓好每一节课、每一个知识点的教学，让孩子们真正学会，用心理解知识。

2016年1月4日

用智慧教学

用智慧教学，这是我如今最大的感受。

曾几何时，有人盯着我的头发问我："你头发都白了，还教学吗？"我乐呵呵地说："教啊，当老师不教学，那工作还有什么意义？"

是的，我在这个职业中摸爬滚打了33年。按照大家的意思，我应该退居二线，为大家服好务，教学生涯也到此结束，不必再和孩子们一起成长。如此想来我不开心，甚至还有些不甘心，所以我仍然在教学一线工作。

我清楚自己年龄已大，在精力、体力上不占优势，和年轻人相比有太多的困难。我想，我应该用智慧教孩子们，不拼体力，不拼精力，就在课堂上出成绩。所以要上好每一节课，更要备好每一节课。

这一切的前提就是要让孩子们喜欢我。

多年来，我发现好多孩子喜欢我的课堂，喜欢上数学课。数学课上，他们可以讲话、可以讨论，我允许他们表述自己的想法，允许他们说完自己的见解，及时鼓励，及时表扬。

沉下心来，潜心教学，我这个年龄已经没有功利，一心教书。不偏向哪个孩子，也不责怪哪个孩子，因为他们都是孩子，都可能犯错误，改正了还是好孩子。

2018年9月12日

故事 · 蜕变

——孩子们的小故事

传哲的故事

（一）

" 世上只有我最帅……"课间，我们班经常听到高八度的男声。每当此时，有好多孩子就嘻嘻哈哈地说笑起来，因为我们都知道这是传哲，我们班一个胖胖的男孩。

爱美是人的天性，传哲就非常喜欢别人夸他帅。只要说他帅，他会高兴地逢人便讲："咱班我最帅。"

传哲今年刚上六年级，胖胖的、壮壮的，一米六的个子却有着150斤的体重。他能吃，管不住嘴，又怕别人说他，所以整天喊着自己最帅。记得我们入校后的第一次体检，他磨蹭到最后，等大家都检查完才去称体重，原来是怕大家知道他有多重。

第一次数学单元测试，他最后一个交卷。我拿着试卷回到办公室，开始批改时才发现传哲的试卷上写的名字是"帅哥"。

传哲虽然胖，但特别喜欢跑，没有一次是好好走路的。这不，他在走廊里跑着没收住脚，手不知碰到哪里，被划开一个口子，血呼呼地流出来。我带着他去村里的卫生室包好。几节课后，伤口又开始流血，原来他仍是又跑又跳，碰到了伤口。

中午我们排队吃饭，传哲在走廊里又跑又跳，停不住，结果跑到别人的面前没收住脚，扑到别人身上。人家没倒，他自己结结实实地在地上滚了一圈，以手撑地，又将手上的旧伤跌破，呼呼地流血。他自己爬起来，像没事人似的去吃饭。

一天中午，我正在吃饭，有孩子找我，说传哲被卡住腿，出不来。我很纳闷，有什么会卡住他呢？原来是建食堂时有一个狗笼没撤，放在食堂后边的旮旯里。传哲跑过去，一条腿伸进去，一时半会没出来。看到我，他拼命地挣扎，终于挣脱出来。

我们开展"家长进课堂"，他的妈妈来听课，坐在他的身边。那一天，他真听话，认真听课、认真学习。大家都有些不适应了呢。

前几天流感肆虐，早上到校后，传哲不说话，大家都觉得他太安静，原来他感冒发烧才突然安静下来。

课堂上，传哲积极回答问题，不过都是高八度的声音。尤其数学课，他特别喜欢，有时跟我要题做。他尤其喜欢考试，特别是考出满分成绩的时候，更是让他喜不自禁。

不过他的调皮也是不能控制的。这不，我们班的门又被他碰坏了……

（二）

传哲其实特别没有自信，从说自己最帅就可以知道。为了让孩子有自信，我努力挖掘他的潜力。他非常聪明，喜欢学数学。课堂上，他高高地举着小手，发表自己的意见时却往往回答不准确。我边启发边表扬，日子久了，他更喜欢被表扬，所以特别喜欢学数学。一次数学竞赛，我们班只有两个名额，我首先想到了他，他也高兴地问这问那。看着兴奋的他，我多想他再前进一步。如果他能更自律一些，将精力集中在课堂上，那有多好。但是，我只能慢慢引导。

为了寻找自信，他也想尽办法。我们军训时，有时间他就跑到我的眼前，跟我掰手腕，一定要赢我，那时的高兴劲溢满脸庞。

拔河比赛是他期盼已久的。到了那一天，他背着绳子，站在队伍的最后，用上自己全部的力量，很轻松地就赢了，孩子们的兴奋溢于言表。

期末复习，我们手写了部分试卷，只有几道题目，每次20分钟就能做完。我准备小考一下，看谁做得好。没想到这让传哲找到了自信，每次他都早早地做完。为了得到满分，他都仔细检查一遍，确定无误再交卷，几次下来都是满

分，这激发了他学习的积极性，有时间就让我出题考试。

我发现这孩子很有心，只要想学习，一定能学好。

（三）

传哲是一个聪明的孩子，他听课认真，思考问题很快就有结果，数学也学得很好。

中午他从不午休，我就让他在办公室里看书，他很乐意。有时也做数学题，难题很快就能解决。由于这样进出办公室，他有些飘飘然，我决定找机会好好教育一下他。

机会终于来了。数学单元考试，我监场严格，并特别强调写上姓名。卷子收上来，他的卷面上赫然写着"屈帅哥"。我把他叫到办公室，告诉他有两点需要注意：一是上课随便说话；二是在试卷上随便改名，这都是不好的行为。他也意识到自己的错误，表示以后会改正。

随后的一段时间，他真的变样了，课上更加认真听讲，课下及时完成作业。

2018年1月24日

小岳的故事

小岳是一个多动的孩子，只要一上课，他就没了精神，眼皮开始打架，精力开始分散。有时嘴里含着一支笔，咬着笔帽；有时手里拿着转笔刀；有时拿着圆规，眼睛则四处偷瞟；有时低头趴在桌子上，两只脚不停地踢来踢去；有时用拳头打同桌一下。我给他找了全班最老实的一个女孩做同桌，仍然阻止不了他有小动作。

刚来时，每节课我都要做他的工作。他从来不抬头看黑板，即使看黑板精神也不集中，坐在座位上也不老实。所有的老师都来告状：他不认真听课、不好好写作业、调皮捣蛋、带头起哄。

老师们告状的多了，我就开始研究这个孩子。我发现他特别聪明，问题一看就会，但是精神只能集中十分钟，然后就开始走神。他特别喜欢上数学课，因为我经常提问他。他回答正确时，我就让孩子们鼓掌鼓励他，他太需要这样的鼓励。

现在我一提问题，他马上就举手，尽管经常出错，但还是一如既往地抢答问题，我也一如既往地关心他。渐渐地，他越来越喜欢上数学课，越来越喜欢回答问题。答错的时候虚心接受，及时改正过来。喜欢和同学讨论问题，有时争得面红耳赤就让我来解围，我也趁机表扬他一下："你看，小岳的思路真好啊，只是中间稍微有点错误，下次一定努力做对，给你表扬，真好。"这样的话他爱听，这样的课他也喜欢上。

小岳是六年级下学期临近放假时才转学过来的，在这里待了一个月的时间就放假了。一个月的时间，他的习惯真正改变的不多，但是已经有了明显好转。

　　真正的改变在七年级。从学习习惯到听课习惯，再到写作业和到校时间，一切都要训练，否则他不知道自己应该怎样做。从开学第一天，我就开始严格要求。他表面上比较听话，但是回家后一如既往，作业不做，书也不看。原来家里只有他自己，爸妈上班，平时就一个人在家，所以自控力很差。我不厌其烦地找家长，让家长想点办法管控一下孩子。所以，七年级的时候他的习惯有了改变，成绩也在提升，思想品德有了明显改善。

　　但是问题还是会出现，尤其是小岳这样的孩子。一天，他的班主任气呼呼地找我，说小岳在班内"开飞机"。我不明白什么意思。原来这是孩子们玩的一个游戏，几个孩子扯着一个孩子的腿和胳膊，一起用力，抛上抛下，若谁不小心松了手，把被抬的孩子扔在地上，后果非常严重。班主任狠狠地批评了他，他自己的认错态度较好，在班里向同学道了歉。我找他时，他也承认了错误，但没意识到问题的严重性，只是出于本能想恶作剧一下。

　　类似的错误他经常出现，大错不犯，小错不断。就在本学期期末统考之前，他又犯错，这次的错误可不是简单的。

　　田老师是一位兢兢业业的中年教师，由于患小儿麻痹症导致右腿残疾，走路不便，但他自己很要强，一心扑在工作上，静静地守望着自己班级的孩子们，连年被评为优秀班主任。今天，田老师经过小岳所在班的门口，小岳在后边看着田老师走路，并且一瘸一拐地学着田老师的样子走路。

　　我想，一个人可以犯错，但是品行不能出问题，更不能歧视残疾人，我们的政治课上已经学过，但在这里还是出错。如果他在我们看不见的时候也这样，那么这个孩子将会带着这样的偏见过一辈子，也就是他的思想有了残缺，这比什么都可怕。

　　班主任找他，先是一番说教，苦口婆心，他也意识到自己的错误。我把他叫到办公室，小岳知道自己做得不对，真诚地向田老师道歉，并且针对自己的错误写出了深刻的反思交给班主任。

　　期末考试，小岳认真对待，复习期间态度严谨。考试成绩出来后，他比原来有了很大幅度的提高。我不仅希望他的成绩提高，更希望不好的事情不再出现。我相信孩子，因为孩子是可塑的。

2015年8月18日

然然笑了

然然转到我们班已经一学年了。他初来时，所有科目的总成绩是240分，基本上每科都是30分，数学只有24分。

大多数时候，然然都坐在班里发呆，所有的科目基本都不会。不和同学打架，但是也绝不和同学说话，即使和他说话他的反应也不明显，轻轻地点头算是答应，没有一个笑脸。

上数学课时，我发现他会做数学题，就将简单一点的题目留给他，让他去板演。刚开始怎么叫他都不动，他害怕自己再一次失败。我理解孩子的内心，仅有的一点自信也随着期末考试的结束随风而去。因为成绩太差，他始终觉得自己抬不起头来，怀疑自己还学不学得会，即使他真的会做也要反问："对吗？我做的是不是不对？"

他总是这样问我，我突然明白，对成绩不自信的孩子，日子真的难过。听不懂、弄不明白，即使对了、会了也不相信自己，因为他们始终处在这样的一种环境中。由于孩子自卑，也懒得再学，导致成绩越来越差、自信越来越少。孩子太需要提高自己的机会，所以在孩子的自理能力、自律能力还比较差的情况下，老师的管教相当重要。

我平时尽量多给他这样的机会，把他会做的题目留给他，然后在班里适时地表扬他。第一次受表扬时，他红着脸局促地站在那里，不知自己要怎么做。孩子不习惯忽然来的表扬，有点懵。第二次、第三次，他很快适应下来，并且发出会心的微笑。我和同学们给了他热烈的掌声，他非常高兴！

"同学们，你们看，然然来我们班后变化多大啊，他的数学成绩从来没出现不及格，最低也是73分。"我说的是实情，孩子们也都知道，所以大家不会认为我偏向他。课堂提问，我关注然然比较多，他也爱回答问题，有时尽管说得不太好，我还是给予适当的鼓励。他终于越来越进步，摆脱了自卑，变得开朗活泼，敢大声说话。期末考试，他的数学考了78分，比刚来时的24分有了很大的进步。

我发现，每个孩子都希望被老师表扬，希望得到老师的信任和肯定，这对孩子的未来也是一种激励。

2015年8月20日

志成会动脑

学期过了一半，志成的成绩一直上不来，我也很着急。下午放学，我和志成一起走出校门，边走边和他说话，询问他听课明不明白。他说明白，就是做题有问题。我发现这个孩子太需要成功一次，就说："晚上回家认真做作业，明天要单独检查你的作业。"

第二天，我到校后首先检查志成的作业。他不但按质按量地完成，而且书写很认真。早上上课，我拿着志成的作业本让大家看，然后表扬了他："你们看，昨天的作业志成同学做得非常认真，几乎全部做对了。书写步骤简捷清晰，字写得特别认真，是有史以来最好的！大家看，学习就怕认真，你一认真，就会有奇迹，就不会有问题。我希望志成继续努力，也希望大家继续努力，认真学习，将来要认真做事、踏实做事。"后来，志成在课堂上非常认真地听讲。他是属于比较慢的孩子，想得慢、写得慢、做题动笔慢。但是，他慢我就耐心地等着，要求他必须真会。一来二去，他受表扬的次数增多，也越来越喜欢上数学课。成绩也由原来的很差，慢慢地在提高。

暑假里，他发给我一条短信，让我对他刮目相看："老师，光阴似箭，弹指之间，两年已经过去，那一幕幕的'精彩瞬间'都已经成了过眼云烟，却依旧历历在目。他们就像风味不同的调味包一样，有酸，有辣，有甜，有苦……更像一个个机灵的小音符，有的高，有的低，一个接着一个，一串接着一串，组成了一支悦耳动听的交响乐，把咱们的生活装扮得有声有色。"

我一看，孩子的心向往学校，尽管成绩不太如意，但是他在进步，这就足

够了。我回复他："非常好，文采也好！若把学习变成像写文章一样，就会有不一样的精彩！"孩子非常谦虚，不好意思地说："不敢当，不敢当！"

我希望看到他们的进步，也希望在他们前进的路上给他们一点帮助，尽管微不足道，但这是我的职责，也是我的义务。我既要锦上添花，更要雪中送炭，特别是对学习有困难的孩子，为什么不帮他们一把呢？

志成改变了自己，有了自信，变得喜欢学习了。老师一点小小的行动就可能会改变一个孩子，所以我们要做个有心人，发现孩子微小的变化，引导他们往前走，争取让他们做最好的自己。

后记：

两年以后，志成考上了一所高中。

2015年8月27日

书　虫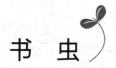

"书虫"是一个孩子的绰号，我还是从一个老师那里听来的。之所以叫"书虫"，是因为这个孩子在小学时天天看书，走在路上看，坐在教室里看，只要有时间就看书。

今年他上初一。这几天，他的数学老师反映了一个问题，"书虫"整天跟在她后边问："这个题到底怎么做？一个还是无数个？"

下午放学，我到公路口值班，等我从东边公路穿过桥洞准备转到西边公路时，他正一手拖着一个拉杆包，另一只手拿着一个小包，同时还举着一包奶，慢慢腾腾地挪动着，边走边喝。

"小吕同学，你怎么才走？听说你今天问了老师一个问题？"我知道他遇到问题爱较劲，必须弄懂才行。

"书虫"放下手里的小包，用牙咬着牛奶，弯腰去拉拉杆包的拉链。拉杆包里面满满都是书，他翻来翻去半天也没找到想要的东西。这时天已经黑下来，在桥洞不安全，我叫他往桥上走。正巧他的妈妈也来接他，我们一起走上桥。他又开始在包内找来找去，终于找到一张试卷，上面第一个题目就是："用一个平面去切一个圆柱，得到多少种不同的圆形？"

原来困住他的问题就是这个。

"你认为有几种？"

"一种，我姐姐说的，就只有圆。"他姐姐也曾是我的学生，今年考上了厦门大学的研究生，在弟弟眼里非常了不起。

"老师怎么说的？"

"老师说有无数种。"

"这个题目或许出题者写错了，应该是'多少种不同的图形'，圆、椭圆、长方形或正方形。可以说有无数个圆和无数个椭圆，但是不会是无数种不同的圆形，也许答案有问题。"

孩子不理解，就在这个问题里较劲。

我告诉他，回家动手做一做，看看到底是什么图形，把各种情况都试一下。天色早已暗了下去，路灯不知何时亮了起来，这时他的妈妈沉不住气："咱回家吧，明天再说。"

用平面截圆柱，横切得到圆，竖切得到长方形。如果倾斜着切圆柱，可以得到椭圆形，或是类似于弓形的一种图形。截一个几何体，截面的形状既与被截的几何体有关，还与截面的角度和方向有关。对于这类题，最好是动手动脑相结合，亲自动手做一做，从中学会分析和归纳的思想方法。

"不行，这是原则问题。你不能走。"

这孩子的话让我笑了起来。虽然他对问题的认识还有局限，但他有一种敢于钻研的精神，有一种不达目的不罢休的勇气，让人觉得他真的在认真学习。

最后，我看着他一脸认真，告诉他今天天晚了，回家后自己动手做一下再思考问题的答案。如果还不理解，明天我们再探讨。

他有些意犹未尽地跟着妈妈走了。这个孩子真不愧别人叫他"书虫"，是真的喜欢学习，喜欢探究问题。希望以后他一直这样，满腹经纶，追根究底。希望我们的教育不要将孩子的问号教没了，依旧是那个脑子里一直有"为什么"的孩子。

2014年11月14日

沟通·家访

——我与家长齐协力

高二年级家长会上的家长发言

尊敬的刘主任您好，各位家长上午好：

非常高兴有这样的机会和大家聚在一起，聊一聊孩子的状况。作为家长代表，我也把自己的想法说出来与大家分享。

实行素质教育，山东省从高中开始抓起。山东推进素质教育的基本目标是"三个全面""三个还给"，即政府层面要全面建设合格学校，学校层面要全面贯彻国家课程方案，教师层面全面培育合格孩子们；对孩子而言，要把时间还给孩子，把健康还给孩子，把能力还给孩子。推进素质教育的主要任务是全面规范办学行为，然后就是一次次明察暗访，从规范办学行为入手督促各地要严格遵守规则。相对来说，老师的全程管理少了，许多孩子产生了一些误区。作为家长，我认为可以从以下几个方面做工作：

首先，了解孩子的状况，和孩子多交流、多沟通。

记得我的孩子刚上高一时，非常不适应。一是听课听不明白；二是同学间事情特别多，你说我不好，我说你怎样。我当时一听，坏了，孩子的心思没用在学习上，精力不集中，引导、鼓励、安慰效果都不明显。结果到高一下学期，孩子成绩很差。我们没问成绩，一个假期中，孩子每天锻炼身体，跑操、打羽毛球，还自己预习了课本，愉快地度过了一个假期。

进入高二，我发觉她一下长大了，不再计较家长里短，所有时间都用来学习，课堂上听不明白的问题越来越少。我为她高兴，同时鼓励她向榜样学习。一次数学单元考试，她第一次考了全班第一。她告诉我时，我为她高兴，我的女儿真厉害，自己能战胜自己。

其次，培养孩子良好的心态、积极的心态。

学习好的孩子心理压力大，包括各方面，自己的、同学之间的、家庭的、老师的，等等。有些家庭或许由于这样那样的原因出现了一些变故，这些都不利于孩子的成长。这时更需要家长的帮助，告诉孩子困难是暂时的，也是一定能克服的，不要因为这些问题造成孩子的精神负担，要正确认识这些问题，培养一个良好的心态。

我的孩子上学期成绩不好，一直没有进入状态，我时时刻刻注意培养她的自信心。去年他们学了一套刀术，回家后她演了一遍给我看，动作比较流畅连贯，一气呵成，虽然少了一些力气，但对孩子来说已经是很不错的。我及时给予了表扬，孩子也充满了自信，相信自己会取得好的成绩。结果到刀术考试时，许多同学都对她给予肯定，老师也及时表扬了她，并给了90分的高分。这更让她充满自信，对未来有了自己的打算。孩子有了自信，不管她将来干什么，我相信都能走好自己的路。

再次，做好孩子的后盾。

其实孩子需要的家长并不一定是有钱的家长，往往一句善意的提醒、一句正中他心怀的话对他的作用都会是无穷的。中国的孩子很少崇拜自己的父母，崇拜明星的比较多。这说明一个问题，我们的孩子不一定喜欢我们。孩子不知道家长整天在外面干些什么，尽管家长辛辛苦苦，为了家庭拼死拼活，但孩子不了解，又怎么会崇拜呢？

最后，我们要学着做父母。

虽然我们都是父母，但在孩子的教育上确实存在问题，比如说教育方法不当、说话不合适，都可能引起孩子的反感。家长有时说孩子必须怎样怎样，人家谁这好那好，于是和孩子的关系越来越差，最后导致没有共同语言。有些家长甚至放任自流、走极端，这都不好。孩子是我们的未来，是一个家庭幸福的所在，如果孩子出现问题，我们家长到时后悔也来不及。有好多家长培养了优秀的孩子，我们为什么不借鉴一下呢？所以我说，我们要学着做父母。

2009年3月15日

家访记事

——教育应该关注孩子的什么

没有家访活动，我们很难近距离接触到孩子们的家庭，也很难看到他们原生态的生活现状。不走进孩子们的家，我们看不到孩子们最真实的生活底色，好多家庭因病、因意外出现了巨大落差；不走进孩子们的家，我们一辈子都无法理解孩子们的怪异表现；不走进孩子们的家，我们的思维可能永远停留在自己的臆想中。

好多时候我在想，我们的教育究竟是为了什么？我们在教学中要关注孩子的什么？我们的教育究竟应该给孩子一些什么？

我们在腊月十八做了一次家访。那天很冷，北风呼呼地刮着，我们揣着老师们捐出的钱到孩子们家里去，看看他们及他们的家。

我们先去了彩霞家。她们家原来的老房子像一片秋天的黄叶瑟缩在角落中，黄泥的墙皮已经剥落，漏出里边年代久远的砖块，与周围整洁气派的房子差别很大。大门是两扇小的木板做的，看上去有好多年头。我们去了几次都没进到家里，彩霞在家，但大门锁着。再次进到村里，残墙断壁，碎石断瓦，原先的面貌已大变样，找了好久也没找到。一打听，原来她家的房子拆了，准备改造。我心里高兴：彩霞终于能住上新房了，真好。辗转找到她们的新家，在另一个村子的中间，是一所又破又旧的房子，颓败不堪。她们租的房子大门还好，比较完整。我进到院子里，门口有台阶，门口东边的水泥地上有一个孩子坐在一床褥子上，用一个被子样的东西盖着，门口地面上有一些冰。孩子看到我进门，扭头看了一下，马上就转回去。他的面前有四床褥子，都是民政资助的军绿色被子，已被大小便染得看不出颜色。他的爸爸手足无措地指着儿子说："他的左脑发育不全，从小就这样。"我看着那孩子，有着大人的样子，就问："孩子多大了？""94年生人，23岁了。"虽然印象里彩霞的家境不好，但我还是被深深地震惊到了，半天不知如何反应，彩霞在学校里的一切行为习惯也就不难理解了。

她不愿意跟别人交流，即使是我有意跟她沟通，想走近她的心，无奈她就是封闭自己，从不多说一句话。我不知道她是强烈的自卑还是已经痛到麻木，我应该怎么去理解她？正常的体育活动她不参加，大课间跑操也不去，有时最多跑一圈。对上学，她没什么要求，高中也不想上，只是想长大能挣钱养家就好了。这孩子和其他孩子不太一样，按时上下学，但非常孤独和自卑，从不求人，和她交流也只是不说话，老是低着头，不敢正视别人的目光。

在学校里，我们除去应该关注孩子的安全、学习、纪律、习惯之外，是不是更应该关注孩子的心灵？繁忙的工作之余，我们关注了孩子多少？为什么孩子还是那么封闭自己？物质的匮乏在很大程度上限制了孩子的思维，看到别人家的孩子和自己不一样，她从内心感到失落。她想改变自己，只是想着自己能挣钱养家就好了，就有希望了。

我陷入了深深地思考。在学校里，我们的职业是教书育人，关注孩子们的学习，每天布置晚作业，第二天要检查，孩子们做不完就要生气，孩子们学习差了也要生气，为什么我们就不想想自己的方法是否妥当？

我扪心自问："你知道孩子想什么吗？你知道孩子有什么梦想吗？你知道孩子的真正需要是什么吗？"也许不是将来怎么样，而是她现在缺少物质上的需要，缺少正常的生活环境和正常的人际交往，她可能处在一种极度的自卑里，那是我们无法理解的一种境遇。伏尔泰说："使人疲惫的不是远方的高山，而是鞋子里的一粒沙子。"我不知道这些鸡毛蒜皮的小事给孩子的生活增添了多少麻烦，给孩子的生活增加了动力还是阻力，但我知道孩子的心已被这些琐事磨练得少了些许棱角。

再到金月的家，她妈妈正在和面，准备蒸馒头。金月和妈妈一起忙着，她的爷爷领着我们进来。她的家里整齐、干净、摆设也不多，床上躺着一个人，

盖着厚厚的被子。看见我们走进来，她的妈妈一下泪流满面，说不出话来。她的爷爷告诉我们，孩子的爸爸已经是肝硬化腹水第三期，肝小脾大，没有多少日子。说完绝望地看着床上的儿子，边说边摇头，浑浊的眼泪也随着滚了下来。她妈妈菜色的脸上呈现着疲惫，一副无精打采的样子。她们的泪水惹得我们也泪流满面。我们代表学校和其他老师将慰问送到他们手里，钱不多，是我们的一点心意。家长深深地鞠躬感谢我们，激动得说不出话来，任由泪水默默地流淌。一时间，我的心里百感交集。

金月是班里的体育委员，学习成绩也很好，就像彩霞一样。但她开朗乐观，在学校里表现得非常好，团结同学，乐于助人，积极参加活动，只是没想到她的家里是这样的现状。尽管这样，她还是幸运的，至少有妈妈的呵护。

物质的贫困没有束缚她的思想，她在健康地成长，这是我们非常欣慰的地方。尽管孩子的父亲生病，但她的家还是健全的，父爱母爱都在！世界就是这样神奇，只要有父母，就有幸福的家，不管贫穷富有，不管健康与否。

小辉的家是一个让我终生难忘的地方，也是我这辈子第一次见到的所谓的"家"。之所以称之为家，因为这是一座有着院墙的房子，因为有健全的家人：妈妈、爸爸。一进院门，就看见一地的鸡粪，几片散在地上的白菜叶和鸡吃剩的玉米渣，以及满院乱跑的四五只鸡。有一位好心的大嫂领着我们，小心翼翼地踮着脚走进去。一进门，一个穿着灰布大衣的女人顶着满头乱乱的头发警惕地看着我，嘴里嘟嘟囔囔地说："来我家干啥？"手攥成拳头，随时准备落下来。我慢慢地跟她说，"你的孩子是我们的学生，快过年了，我们来家里看一下。"一听这话，她马上说："我孩子学习很好，很优秀。"说着她开心地笑了。我们拿出钱给她，她一把抢过，看也不看就装进了口袋。

小辉的母亲有精神病，正常的交流也成问题，靠孩子的爸爸在外打工挣钱养家。即使脑子出了问题，但孩子也是她的希望。她可以神志不清，可以什么都不管，但是提到孩子，母亲内心的喜悦却无法掩饰，依然知道孩子学习很好、成绩很好。不管什么时候，孩子都是父母永远的牵挂。

走进兴哲的家，又是另一番景象。非常大的院落，堆着几跺高高的、破旧的轮胎，除了那些破旧的轮胎，没什么其他的东西。他的爸爸没生病前是一个很能挣钱的手艺人，修汽车轮胎，手艺好，位置又好。非常不幸的是他爸爸得了重病，几次住院终于救回了一条命。我们去时他爸妈还在济南住院，家里只有两个孩子，姐姐读高二，兴哲上六年级。水泥地、水泥墙的屋里散发着逼仄的冷，房子里家徒四壁，一个大的铁炉子冷清清地立在墙角，炉口有两根烧剩的木柴，孩子说冷了就点一下木柴取暖。姐弟两个站在那里，无言地望着我们。看着他们俩，我们不知道说什么，好像此刻语言已经苍白。我们无语地走出他的家，上课时侃侃而谈的我们这时觉得无话可说。

我们又去了小坤的家。这孩子跟着爷爷奶奶生活，爷爷奶奶虽然年事已高，但身体还好，只是干不了重活。看着我们到来，爷爷激动地流下眼泪，几次哽咽。多年前，孩子的父亲外出打工遭遇车祸去世，母亲失踪，爷爷又重新当起了小工，挣钱养孙子。年近80的人，哭得好无助。这孩子却不谙世事，有着同龄孩子的调皮，学习不上进，没有进取心，不知自己将来要干什么，也不知将来靠什么生活，只是懵懂的幸福生活着。不知道替爷爷奶奶干点活，也不知道自己的钱是爷爷怎么挣来的，父爱母爱的缺失并没有让孩子成熟起来。

在大家衣食无忧的今天，看到这样的家庭，我的内心无比震撼。我在想，这样的孩子与其他孩子最大的区别难道仅仅是学习吗？这样的孩子快乐吗？艰苦的环境磨练了孩子，他们或多或少受影响，也许内心里并不快乐。我真心地希望他们正确地认识自己，真正的快乐起来、懂事起来，长大后勇于承担自己的责任。

教育教给孩子什么？仅仅是知识吗？遇到困难时，他们应该如何面对？当家庭遭遇不幸、生活出现巨大落差时，孩子们又应该怎样面对？小小的心灵承受无形的压力，他们的心里在想什么？

所以我给自己教育的定位是：当孩子们生活环境优越时，要给他们适当的压力，有自己的目标；当家庭出现问题时，应该让他们意识到自己的责任、自己的使命，尽快让自己成长起来。所以，我愿意做那个走进孩子内心，感受他们的喜怒哀乐，和他们同甘共苦、共同成长，引领他们走好青春期的人！

2017年1月16日

初一的孩子

初一的孩子心理发展缓慢，突出的表现是自我意识不断增强。他们已经有了独立意识，在自觉性方面持续发展，独立性与幼稚性的矛盾日益突出，容易固执己见。

孩子的自控能力也有待加强。昨天中午，六班的晓卿从家里拿来了一瓶酒。酒是散装的，装在水杯里，家长知道是拿着水到校的。中午饭后，孩子打开水杯，倒出酒分给大家喝，班里也飘出了浓浓的酒味。有的孩子一闻就倒掉了，有的喝了一口，有的骗着其他同学喝。

家长被班主任请来学校，但所有人都问不出孩子带酒的原因。我看到后，让孩子写出是什么原因往学校里带酒。原来孩子是为了显示自己胆子大，这就是孩子情绪不稳定、缺乏自我调控能力的表现。我把他留在学校，毕竟孩子总是在不断地犯错、改错中成长。我们允许他们犯错误，但是必须要改正，并且不能屡教不改。

6号是星期六，上午9点12分，一个电话打进来，我一看是本地号码，连忙接通。"你是李老师吗？""您好，请问您是哪位？""李老师，我是二班孩子吕凤的家长。是这样，现在吕凤还没起床，晚上光看电视，到很晚也不睡觉，早上一直不起，也不起床吃饭。"

我想起去年腊月二十四我们去家访时，好多孩子就在被窝里，怎么叫也不起。平时上学要按时，周六日孩子们就是不想起床，尤其冬天又冷，就想在温暖的被窝里多躺一会。

我有点哭笑不得，孩子不起床，这是不是家长的职责？从小没给孩子养成好习惯，现在再改有多难！很多家长以为，教育是老师的事情，孩子送到学校，老师就要教育好。回家后不写作业，找老师；回家后不听家长的话、和家长吵架，找老师；在家里约上几个小伙伴骑自行车到处跑，找老师；去网吧上网，找老师，等等。凡是能找老师的，就等老师解决。但学校教育不是万能的，离开家庭教育也不行。家长是孩子的第一任老师，家长有责任、有义务教育好孩子，不能推卸责任。

我们的教育要为孩子以后几十年的生活着想。孩子从小的习惯养成，家长起着重要的作用，要有意识地帮助孩子养成好习惯。

2017年12月6日

她只是孩子

今天下午，孙老师和小雯生气，小雯站在旁边，边哭边说。我听不清楚，就笑着问："怎么了？受什么委屈了？说来听听。"小雯满不在乎地说："没受委屈。"

"没受委屈哭什么？"她站在那里，梗着脖子，眼里流泪，嘴里不时发出声音，我听不清她说什么。

好一会，我才搞清楚发生了什么。原来，今天中午自习写字课，小雯说话，影响了大家。班主任找她谈话，她不承认错误，在全班同学面前顶撞班主任，把班主任气哭了。

小雯的家庭比较特殊，爸爸妈妈离婚后各自组织了家庭，谁都不要小雯，小雯只好跟着爷爷奶奶生活。周末去妈妈家里，周一至周五在奶奶家。爸爸是基本不管她的，也从来不要她去自己家里住。在她的眼里，最好的人是自己的奶奶，只有奶奶对她最亲。并且，她爸爸喝了酒老是打她，爷爷生气也老是骂她、打她。昨天晚上，她的爷爷就打了她，原因是小雯睡觉太晚，影响自己休息。听起来孩子真是不容易，关键是她认为没人管自己，没人要她，自己成了一个多余的人。我曾经叫小雯的爸爸来过学校，要他照顾好自己的女儿。但是小雯的爸爸到家里就往床上一躺，拿起手机就玩，也不问孩子在学校里什么情况，和同学之间关系怎样，总之对小雯比较冷漠。

她只是个孩子，父母既然生下了她，就有义务管好她。她需要爸爸妈妈的爱，需要爸爸妈妈的关心、呵护，哪怕是最起码的正常关心也好。但家长比较自私，忽视了孩子的感受，没有处理好孩子的事。

她只是个孩子，对家长的做法不理解，爸爸妈妈也不和她沟通，以至于让她一直误会亲人，动不动就以比较极端自私的做法示人，不考虑其他人的感受，想怎么做就怎么做。

其实这个孩子就是缺乏家人的爱，若处理不好容易走极端。当她觉得自己不开心，或者觉得自己没人喜欢、大家都嫌弃自己时，也许就是她悲剧的开始。

解决的方法很容易，只要爸爸妈妈多给她一点爱，多和她谈谈心，多和她交流，给她对孩子应有的爱，使她感受到家人的关心，觉得自己没有被抛弃。孩子有了安全感，有了依靠，就会少做或不做极端的事情。

2015年9月15日

明晃晃的脑袋

周一上午第二节课是我的数学课，大家或多或少都有点周一综合征，所以上好这节课需要花大力气，需要有点特色。

我走进教室，大家都低着头，静静地看书。我有些纳闷，平时只要铃声不响，说话声是不会停下来的，今天有什么特别？我扫视全班，忽然发现有一个明晃晃的脑袋，让我的心情莫名好起来。再看同学们，大家似乎也在低头窃笑。我控制住自己，开始上课。一节课，只要我不经意看到那个脑袋，心里就莫名想笑。回到办公室，我讲完这件事大家也都笑了起来。原来这是张良，他一直留着长发，盖住眼睛，像是一个不着调的社会青年。老师把他叫到办公室，一遍遍地规劝，无奈他油盐不进，就是不去理发，每天顶着一头乱哄哄的长发到校。所以上周五我下了命令，下周一再留长发就不要到校上课。

周一张良来上学，剪掉了长头发，却从一个极端走向另一个极端，剃了个光头。

六月份的一天，早上有两个孩子，头顶的头发像一颗心，迈着八字步在校园里溜达。这是八年级的孩子，两个人商量好去理发，就想与众不同。理发师费了功夫，但不符合学校规定。老师让他们去剪掉，他俩觉得可惜，上午坚决不去，家长来了才好不容易领回去，结果又剃成光头，短时间内学校又多了两个光头。

这就是青春期的孩子，也是在家里被宠起来的一代人，想要怎样就怎样，不考虑自己的行为是否符合要求，就想标新立异。不要说挫折，就是说话声音大都受不了。将来走向社会，很难想象他们会怎么样！

很多时候，要想改变孩子的认识，必须先从改变家长开始。家长宠起来这样的一代人，不知道孩子将来怎样适应社会。所以，家长最好也是先培训再上岗。

2015年7月1日

教育需要慢功夫

六年级孩子没入校前，我就听大家说舜翔调皮捣蛋，不听老师话，专门搞恶作剧。家长又很溺爱孩子，不配合学校教育。

孩子们开学了，我迎来了他们，也迎来了那个调皮捣蛋的孩子——舜翔。

自从我第一次和舜翔接触，也许是之前听到的太多，反而觉得舜翔完全不是大家口中的样子。其实他是一个非常可爱的孩子，人品好、聪明、不说谎话，成绩也还不错。

经过一段时间的观察，我没发现这个孩子的特别之处。他和大家一样，是一个六年级的孩子，还特别积极，喜欢干点什么事，尤其喜欢干体育委员。

舜翔比较稳当，什么事情都不去掺和，有自己的主见，也能完成作业。我不断地鼓励他、督促他。他也在积极努力，争取最大的进步。

但是，生活中小小的摩擦还是有的。有一次他和小志打架，互不相让。我让他们说出各自的理由，发现舜翔不说谎，也不争什么，只是在叙述事情的经过，这让我对他有了不同的看法。

舜翔喜欢看书，中午午休也不睡觉。我让他到办公室看书，每天坚持。

舜翔特别喜欢踢足球，有时间就去，吃饭后、下午大课间，球场上都有他奔跑的身影。学校组织足球赛，他第一个报名参加，并坚持训练，不怕苦、不怕累，每天都是一身汗，但他坚持了下来。

在班级足球赛中，他们七人奋力拼搏，获得了级部第二名的好成绩。

期中考试时，我正好出差。考完数学后，舜翔在网上和我聊天，讨论最后一道题怎么解，结果他几乎全部做对。

不过他最大的一个问题就是做事拖沓，什么事情都会磨蹭一会，作业晚交，到校时间也有点晚。

我找家长了解情况，结果发现他的爸爸是比较有想法的一个人，对孩子的管理理念是趁现在还有两年的时间，将孩子的习惯养好，让孩子有一个好的未来。错过这关键的两年，有些习惯就不好改。孩子将来必须要上大学，否则很难立足于社会。家长基于自己的状况，也是生活给他带来的启示。

今天跑操，舜翔告诉我，他的数学考试得了94分，他爸爸嫌他没考117分，因为有同学考了117分。我说："你知道你们的区别是什么吗？"他说不知道。我说："你和他的最大区别是你拖沓、慢、心不在焉。"他真的是什么事情都不着急。他想当体育委员，自己却不想跑操，然后我找了另一个体育委员和他竞争，就这样他还是动不动就不去。

这样的孩子，安排的事情还真是干不好的。学期中间为了调动他的积极性，我专门安排他负责借阅图书，但是他没有很好地履行责任，到期末还书丢了14本，谁都不承认借过书。很多事情想让他干，他不好好干，缺乏责任心。其实舜翔很会听课，只要是他听过的知识，一般都能做出来，只是无法坚持，不持久。每次考试他都想考好一点，但习惯不好，往往事与愿违。

毕竟孩子的习惯不是一天养成的，而是一直在反复。慢慢来吧，急不得，教育需要慢功夫。

2017年10月18日

培养孩子们的自理能力

每天我到班里，孩子们就有各种各样的问题等着我，比如谁和谁打架了、谁又骂了谁一句、谁上课又说话了、谁不听老师的话，等等。中午吃饭，饭菜有点凉，有几个孩子起哄，甚至不想吃。

为了纠正孩子们的这些毛病，下午的活动课我给他们播放了《冲出亚马逊》。让孩子们体会一下在魔鬼学校训练的军人们处在一种什么样的生活环境中，在艰苦的环境下如何求生、如何生存。

孩子们聚精会神地看着电影，看到军人们吃生牛肉的时候，孩子们会为自己中午的所作所为有所羞愧。大家感慨很多，为了生存，什么样的环境也不能磨灭自己顽强的意志，坚持不放弃，即使失败也不放弃，只有这样人才会真的逐渐长大。

孩子们也要试着逐渐脱离妈妈们的怀抱，学着长大，学着自理、自立。

2017年10月19日

关键要对症

现在的孩子个性强，为了达到自己的目的，不惜用各种手段，甚至有些还变本加厉。最近四班的兰兰就是一个鲜明的例子。

这个孩子自理能力很强，衣服从来都是自己洗，什么事情都不用家长包办代替，都是自己干。

她一直学习拉二胡，钱交过了，中间忽然不想学了，谁劝也不去。没办法，家长找到我，希望我能帮助他们。我找到兰兰，问她为什么不想学。她也不说为什么，一口答应去学。从此以后，她学得很带劲，并且很快掌握了知识。老师教得也带劲，一个劲地夸她学得快、学得好。家长心里很感激我。

现在的孩子正值青春期，出现了抵触心理也很正常。我试着从拉二胡开始引导，让她把自己学的二胡拉一段，让她妈妈录好后发给我，于是出现了以下的对话：

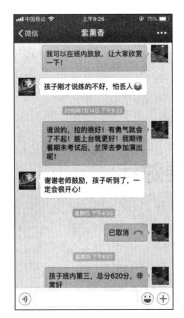

与兰兰妈妈的对话截图

我当班主任时，承诺让大家下午课外活动时展示自己的特长。现在我不当班主任了，但也要兑现诺言。我播放了兰兰拉的曲子，并且说："二胡不好学，大家听听这首曲子怎么样？"看着兰兰红红的小脸、洋溢的神情，我知道孩子的心里很激动，这也许无形中就促进她坚持下去了。

但是后来的结果还是出乎我的预料。对于孩子的成绩家长没反应，也没回话。我心里有些着急：这是怎么回事？

后来才知道，微信上都是孩子自己模仿大人的口气给我回话，家长被蒙在鼓里。我心里一惊：这孩子怎么了？

因为周末有二胡演出，我又以二胡这件事让她妈妈接电话，告诉她演出时录音并发给我。

好几天没接到信息，我找到兰兰。这次她说，看了期末考试成绩，数学没考好，不想去拉，对不起数学老师。

时间会说明一切，时间也会医治好许多东西。关于这个孩子的情况，我会想方设法和家长一起解决，关键要对症！

2019年1月27日

孩子，你让家长情何以堪

昨天晚上，我女儿一位同学的家长与我聊天，说到他小女儿的学习问题，心里很着急。他的大女儿与我女儿同学，现在北京读研，成绩很好，家长很放心。

他的小女儿正在读高一，入校时分数刚达到录取分数线。现在对学习兴趣不高，不喜欢学习。

他说："不管读研还是工作，有个好工作是最终目的。"

"现在好多单位都是直接招考，应该说还是公平公正的，就看你有没有本事。"我这样劝他。

"就是，这样多好。可是孩子不听话，特别是老二，就是不学习，这样下去也就是上完高中，拿个毕业证。"他很发愁，"我和她妈都很着急，可她就是不喜欢学习。"他一直在自责。

"孩子大了，有话好好说，也许她正处在叛逆期，"我好言劝着，"也许孩子有自己的目标，不管将来干什么，干好了也不错啊。"

"她从小就不喜欢学习，没有理想，也没有恒心。"他继续说着。

"你让她姐说说她，也许能有改变。"

"不行，她姐说了也不听。假期她姐看着她学习，她就难受。"孩子不喜欢被别人监视。

他的小女儿腿有点残疾，不太灵便，从小就这样。大女儿非常优秀，学习也好，身体也好，各方面都很好。也许他从小灌输给孩子的思想就是向姐姐学

习，以姐姐为榜样。因为孩子的身体原因，当成绩不如姐姐时，可能会觉得自卑，反正什么都不如姐姐，那就索性什么都不学了。这也只是我的猜想，他的小女儿我没教过，只和她交流过，但从表面上看不出有什么问题，是个比较阳光的孩子。

家长愁得不行，孩子多少学点知识，将来总会用到的，何况现在正是学习的时候。用知识武装头脑，弥补一下身体的不足，将来走向社会才有能力在社会上立足，成为一个社会人。听着家长的诉说，我能理解他的着急。看着孩子一副"皇上不急太监急"的样子，我心里也只有无奈。

孩子，你让家长情何以堪？

2014年12月22日

家长，别让你的固执毁了孩子

七（五）班小奕的妈妈经常找老师，诉说自己孩子的缺点，总说自己的孩子不优秀。昨天她又说孩子的不是。我看了一下小奕的名次，在班内成绩很不错，第十五名。小奕的妈妈却说："你真给我丢脸，这次成绩比上次还差，我怎么有脸来开家长会。"

说起孩子，家长也是一脸苦衷："我小时候没上学，孩子有这样好的条件，却不知道珍惜。现在不愁吃、不愁穿，什么也不用管，安心学习就行，却考试成绩那么差，对得起谁？"

家长需要反思，自己的心愿没实现，却强加给孩子，让孩子实现自己的心愿，导致孩子不但不听，还和家长对着干。现在很多家长对孩子的教育只关注结果，不关注过程。一看孩子成绩下降，就劈头盖脸骂一顿，缺乏耐心，也缺乏智慧。孩子的题目做错了，家长只会说"这么简单的问题都不会"，根本不知道怎样和孩子度过这个时期。有的家长就说："我小的时候，家长哪有时间来管孩子？出息都是自己长的。"现在情况不一样，家长不能再拿原来的事情对比现在。

小奕的妈妈脾气暴躁，孩子已经很优秀了，但在她的眼里仍然不好。是她的期望值太高，到孩子那里又不好好说，母女俩经常闹别扭。好在孩子不和她置气，尊重她。但她仍然觉得孩子达不到自己的理想，责骂成了家长的顺口溜，孩子在她眼里一无是处。

我告诉她，一定要相信孩子，相信孩子是优秀的，相信孩子是努力的。成

绩只能说明过去，伴随孩子的还有学习态度、学习习惯、学习品质等。要用多个尺子评价孩子，别让孩子的自信被家长的语言打击掉。

还有些家长不会教育孩子，动不动就用物质交换的方法来许愿："你要考到班内前几名，我就给你买什么东西。"孩子真考到了，家长的承诺也不兑现，让孩子觉得家长没有诚信。久而久之，孩子不再相信家长，家长在孩子心中的威信轰然倒塌。因为在孩子那里，家长给自己的形象打了个折扣。

我真的想说："家长，你可以和孩子交流你的工作情况，让她理解你，理解你的苦衷；你可以把自己在外的辛苦告诉孩子，让她知道生活的不容易。用你的行动来带动、鼓励孩子，让孩子知道你在外辛苦打拼是为了让这个家更好，让家人生活得更舒服，日子更好过。让她考虑自己的将来怎么打算，准备干什么，从小就有一种责任意识，敢于担当。"

我诚恳地对家长说："我真的再次劝你，千万不要再批评孩子。一定要多鼓励、多表扬，说话要讲究方式，让孩子接受你的建议，因为你的孩子已经很优秀了。"

家长，别让你的固执毁了孩子。

2014年12月3日

改变孩子，先从改变家长开始

现在孩子的家长越来越年轻，农村家长的素质有明显提高。但是，家长的表现好像从一个极端走向另一个极端。

十年以前，农村家长对孩子不管不问，孩子在学校里出了什么问题家长也不过问，和老师交流的情况基本没有。

现在，家长的电话几乎天天有："老师，孩子的成绩差，怎么办？""在学校里是什么表现？""怎么让她成绩好？"家长的目光基本都放在孩子的学习上，关于孩子如何做人，大部分家长不管不问，认为只要孩子学习好就行。

最近几天，班里的孩子连续打碎了两块玻璃。二楼走廊的玻璃被两个打闹的男孩打碎，一楼教室里的玻璃也是因为两个孩子打架，一个男孩将另一个男孩的头碰在玻璃上碰碎的。

问题很清楚，但是孩子的反应让人很忧心。因为四个孩子中只有两个成绩差一些的孩子主动认错，而另两个学习成绩很好的孩子不但不承认错误，还千方百计地找理由推卸责任，即使找到了目击证人也不承认。

和家长沟通时，也发现了一些类似的问题。成绩好的孩子的家长，总是说自己的孩子在家里表现很好，从不和别人打架，温顺、听话，在学校里的表现让他们不相信。他们不相信自己的孩子会这样，一直在质疑老师，好像是老师冤枉了孩子。

遇到这样的情况，班主任一定要有耐心。我相信家长是明事理的，因为老师把事情的严肃性告诉他们，要教育孩子做事有担当、有责任感，自己做的就

要承认，做一个顶天立地的男子汉。

实际上，孩子的问题都会在家长的身上找到影子。家长是孩子的第一任老师，家长的言传身教都在潜移默化地影响着孩子。所以，家长在做事时要让孩子感受到自己的责任感，感受到自己的美好，感受到自己的真实。不要让孩子们的心田杂草丛生，而是让他们的心田开出茂盛的花，结出丰硕的果；不要让孩子们洁净的心灵留下灰暗，而是要让他们阳光明媚，让他们健康茁壮地成长。

2016年1月10日

谁之过

<big>孩</big>子们的心理最近有问题。比如八班的曹之浩同学，今天早上推着自行车跑出了学校，不顾门卫的阻拦，只说是回家拿作业。

等到班主任发现时，才知道这孩子逃学了。同学们很关注这个孩子，有几个和他关系很铁的同学告诉老师他可能会去哪里，班主任陪着他们一起去找。

他们在学校西边的公园里找到了正在看网络小说的曹之浩，他正读得津津有味。几个人连劝带说，好不容易把他叫回学校。班主任又单独做工作，不知道效果如何。

家长来了，都非常年轻。我跟他们交流意见，问他们孩子为什么这样。孩子的爸爸刚要说话，孩子的妈妈就不让他说，看来妈妈很护孩子。也许正是妈妈的娇惯养成了孩子的坏习惯，导致现在直接不让管。任何事情的发生都有其产生的根源，一点也不假。

孩子的妈妈埋怨爸爸，说孩子看小说是受爸爸的影响，因为孩子看到爸爸看网络小说，孩子也开始看，逐渐到痴迷的程度。我实在不敢恭维网络小说，也没资格评论，但我认为有些网络小说对孩子简直就是伤害，正是由于家长的言传身教，导致了今天孩子出现出走的情况。

像今天这种情况，是谁的责任？门卫有责任，但当时正是孩子们入校的时间，孩子特别多，门卫没拦住。但家长的责任是不是更大？一个成绩非常好的孩子忽然间出现问题，家长没发现吗？

后来，他的妈妈一个劲地怨自己。寒假给孩子买了电脑，没有监督孩子，

孩子就大玩、特玩，废寝忘食，学习等其他事情就放在了脑后。从那开始就经常不写作业，爸爸不敢问，妈妈护着，奶奶护着，爷爷纵着，还有谁真正关心孩子？谁知道孩子心里想什么？

孩子出了这么大的问题，家长早就知道，但还是任其发展，不制止，致使问题大了管不了，然后开始哭。就像小鹰要迎着风雨长大，如果怕风吹雨打，怎么能搏击长空？就像小树也要长大，出现了枝枝杈杈，如果不及时修剪，难免会不成才。家长爱护孩子，这是人之常情，但孩子早晚要离开家长，走向社会，早晚要自立，家长能给孩子什么呢？一棵大树好乘凉？一把伞遮风避雨？家财万贯好享受？

家长不知道孩子需要什么，不了解孩子心里想什么，只是以为让他吃好、穿好，去学校上学就行，现在的时代还真的不是这样。

孩子需要的是家长的陪伴，和孩子一起成长，用自己的言传身教、言行举止给予孩子正确的引导，家长什么时候能做到呢？

2016年4月18日

家长的苦心

昨天我去市局参加会议，是信息技术与课堂教学深度融合的会议，一天时间。

早上我走在路上，小新的家长打来电话，告诉我她不想让孩子跳绳。听她絮絮叨叨的讲话，我心里有点着急，但我不明白她有什么苦衷，就耐心听她说完。

小新是一个聪明的孩子，但成绩很差，不喜欢学习，他选择了跳绳，每天早上都去跳绳，跳得很好。我觉得这样很好，能提高孩子的自信心，让他觉得自己有用武之地。现在家长要剥夺孩子的体育活动，我觉得有点不可思议。

家长说，孩子的情况有点特殊。孩子喜欢跳绳，但是他有点便秘，家长经常带着他去看病，从小到现在一直没看好，吃了不少药，后来他直接把药扔在地上、路上，就是不吃。

家长又说，孩子的身体适合有氧运动，不能进行耗氧运动。早上大运动量的体能训练，让孩子便秘更严重了，导致他吃饭很少，家长非常着急。偶尔孩子吃饭不合适，肚子咕咕噜噜，继而拉肚子，孩子就高兴地说："妈，终于舒服、好受了。"

孩子一吃鱼肉就便秘，运动量大了也便秘，孩子自己也心焦气躁，自己和自己生气。家长说着就哭了，不管孩子学习怎么样，身体棒棒的才好。

我理解家长的苦心，谁都希望自己的孩子身体棒棒的、学习好好的。于是我打包票地告诉家长，我一定两头协调，保证不让孩子再去跳绳。

今天我分别找了体育老师和小新，希望他们体谅家长。尽管体育老师有点不理解，但表示尊重家长的意见。

教学就要以人为本，结合家长的意见，在孩子身体允许的范围内让孩子自主选择。即使选择了，也有退出的自由。身体出现了问题，应该让孩子们停止锻练，以治病为主。

2015年8月26日

孩子的教育

毕业班的教学一直是初中教学的重点。对于九年级的教学，我一直怀着一种敬畏。究其原因，九年级时间紧、任务重、压力大，所有科目老师天天在备课、做试卷、查找试题，非常敬业。处在这样的环境里，想不优秀也难。

最近单元检测，有几个孩子成绩特别差，我找了时间和他们聊一聊。孩子们倒也实在，但说的话让我心里不舒服。今天上课，欣怡同学在黑板上做了一道题，让我瞬间不知说什么好。她画图像用到数的平方，2的平方得4，3的平方得6，4的平方得8。图像的纵轴上单位长度不一样大，标着1的长度和1到4之间的距离一样大。她坐下后，同学们哄堂大笑，她却觉得没错。我费了好大的工夫才给她改正过来。

有时孩子们会出现比较低级的错误，比如由2x=1得到x=2。我问孩子们："答案对吗？"孩子们觉得没做错，两边同除以2，想当然地认为右边就是2。

想来想去，我觉得就是孩子们在学习新知识时没有用心，对于新学知识似是而非，觉得会，其实没有理解，并在好长一段时间里一直沿用错误的方法，才导致出现这样的问题。

有时孩子们总结自己出错的原因时，归结于粗心、不仔细。仔细想来，这是一个习惯的问题，就是听课习惯不好，只听见上半句或者只听见下半句，没有全面理解题意，或者对重点语句理解不到位，导致学习出问题，并且老是在一个问题上栽跟头。

　　这与家长的教育也有很大关系，要从小培养孩子集中注意力，对一件事情有兴趣，愿意去看、去玩、去想。

2016年10月12日

优秀的孩子

前几天，我和好友一同出差，在车上谈起孩子，好友发了一通牢骚。原来她的孩子出现了一些小问题，致使她不知如何去做，母女关系也很僵。孩子有意和她拉开距离，她很烦恼。说来说去，中心就是孩子不听她的话，尤其是关于学习的事情。

好友的女儿非常优秀，由于工作的关系，她对孩子的照顾不是很周到，尤其在学习方面。特别是孩子在出现问题需要解决或有情绪需要发泄时，总是得不到妈妈的关心，因为妈妈总是很忙。有题目不会做或是考试没考好时，妈妈总是说"这么简单的问题也不会做"，或者是嫌孩子不用功学习。也许孩子已经非常努力，但家长老是觉得孩子不用功，说得孩子心里特别烦，时间长了就产生了抵触情绪。有时孩子虽然不说话，但并不表示对家长没意见。家长要求孩子处处优秀，而忽略了优秀的孩子也需要一个长时间的成长过程。

孩子今年读高三，时间紧、任务重，因为明年就要高考，家长急得团团转，孩子看上去却不急。

其实，这个孩子非常有个性，是个优秀的孩子，聪明、好学、灵气、自信，成绩也很好。也许朋友的要求太高，总是要求孩子考第一，或者考进前多少名。家长的目标与孩子的目标不同步，导致孩子与家长的关系有点僵。孩子偶尔一次考试失误，自己的信心就会受挫。

基于以上原因，我觉得若要家长与孩子的关系改善，家长的心态首先要改变，要站在孩子的角度理解孩子，不要用自己的目标去要求孩子，多多理解孩

子的心理。家长不能改变孩子，但能改变自己，改变自己处理问题的方式。孩子出现问题时，和她探讨一下，为什么出现问题？原因在哪里？比如，一次考试没考好，可以找一下是哪一科出现问题，是对知识理解不到位还是思维出现问题，是上课的时候没听懂还是其他原因。然后鼓励孩子："这次考试没考好没什么，下次注意这些问题，不在乎分数有多少，关键就是看这一段时间你掌握了多少知识，有哪些还没弄懂。"给孩子一个上升的空间，让孩子知道家长不在乎分数的多少，再考试时也许就会出现奇迹。

其次，家长要转变思维方式。处理问题时不要再用原来的一些想法，要与时俱进，与孩子的思维处在同一水平线上。急孩子之所急，想孩子之所想。观察孩子是否由于缺乏自信导致成绩下降，这时要给孩子树立信心。记得我的孩子上高中时，高一就非常没有自信。一次上完体育课，孩子回家告诉我，她的刀术考试成绩全班第一。一个文文静静的女孩子取得了那么好的成绩，我心里非常高兴。我及时鼓励她："你很厉害，巾帼不让须眉，居然打败了所有的同学。其他方面我们也不怕，我们一起努力，不要为自己的高中三年留下遗憾，只要你尽了力，其他都不在话下。"

再次，和孩子一起成长。孩子的高中生活可以说是处在巨大的压力之下，心理素质随时受到考验，说孩子不在乎那是假的，但着急也不是办法。家长此时就是孩子的后盾，要让孩子觉得自己在家长心中是非常优秀的孩子，并朝着更高的目标努力。

所以我们要学着做家长，和孩子一起成长，分担孩子的痛苦，一起为成功喝彩。家长和孩子站在同一起跑线上，随时感受孩子的喜怒哀乐，及时帮助孩子调整心态，让孩子健康成长。

2014年11月18日

思考·感悟

——我的教学修行路

用信任开启工作之门

2008年8月底，我被任命为副校长，距今已有六个年头。六年来，我反复思量自己的工作，很多时候都在审视自己。我想，副校长是一个职务，但更多的是一种责任，是一种给老师和孩子们服务的责任。对老师要坦诚，相信他们是最好的，处事要公正公平，要让他们觉得我是可信赖的，这个组织是可信赖的，在这里工作是顺心的、有意思的、有奔头的。这样老师才能发挥自己的创造力，尽心尽力地工作，为这个团结的组织贡献自己的力量。我觉得，作为一名副校长，一是服从，二是创造性地开展工作。

一、以身作则，干好自己的本职工作

职务改变，但有一点始终不变，这也是我走上教师工作岗位以来一直坚持的原则——必须干好本职工作。当老师就要教好孩子们，不论职务、环境怎么变。对年轻的老师，我经常说要干一行爱一行，既然选择了这个职业，就有可能在这个职业中奋斗一辈子，为什么不在工作中多付出一些呢？备课、上课，我们每天都在重复这样的工作，如果对此不在乎，不去积极地想怎样备好课、上好课，平时提着课本就走，兴之所至，洋洋洒洒，孩子们听得晕晕乎乎，这样不会有好的结果。老师每天不停地重复着同样的工作，工作没有新意，更不会有创意，干着干着就会厌教，出现职业倦怠。怎么办？最好的方法就是调整心态，何不把上课变成一种享受、一种乐趣？试想，没有人能比我幸福，每天我站在讲台上，对着下面几十张笑脸，把我的思想叙述出来，用我的行动、语言潜移默化地影响着孩子们，把知识、学习方法传递给孩子们。当孩子们快乐地学习时，我为他们高兴。如果他们不快乐、成绩不理想，我会找问题出在哪里，是我的原因还是孩子们的原因，今后一起改掉。

二、服从领导，创造性地开展工作

职务变了，但我仍然是老师。首先，我听从领导的安排，领导交代的任务我会按时完成。在很多时候，我也会创造性地开展工作。我会站在老师的角度来思量这件事是否可行，是否切合教育实际，大部分老师是否能接受。可能有时不被认可，或不被采纳，但我不觉得有什么。因为我认为，不管哪一级领导都是为老师服务的，很多时候求同存异也是工作的一种方式。

我在基层摸爬滚打了三十年，做过团委书记、教研组长、教导处主任，和老师在一起的时间非常多。所以我了解老师的疾苦，或是工作中的一点小事，或是不相信、不理解或缺乏沟通交流，或是职称晋升、职称评聘的机会没有争取到，当他们跟我诉说的时候，我会倾听他们的烦恼，然后告诉他们在工作中只管耕耘，莫问收获。现在开级部会，我会跟老师们说，转变心态，享受备课，享受上课，享受课堂，积极适应社会、适应生活。我们不能改变他人，但我们可以改变自己，积极享受教育的过程。

三、脚踏实地，抓好级部分管工作

过去的一年，我分管六年级级部。一年里，我们级部工作开展得扎扎实实，工作干得有声有色，整个级部团结合作、齐心协力，我相信我们级部是最好的级部。我们有八个优秀的班主任，老中青结合，有经验丰富、一心扑在孩子身上的田老师，不争名，不争利，默默无闻，兢兢业业；有优秀班主任安老师，对工作认真负责，敬业爱生，踏实肯干，有问题及时解决、及时协商；有两个新的班主任胥老师和片老师，虽然都刚做班主任，但是她们有热情、有干劲、有方法、有能力。胥老师的四班纪律非常好，孩子们的自律能力很强；片老师是一位自尊心极强的老师，刚接手历史，孩子的成绩有点差，她就认真跟胥老师学，从自身找原因。家长会时，家长们也想各种方法。七班的家长带着孩子在学校跟四班孩子的家长交流，看一下相互之间有什么差距。家长和家长交流，孩子和孩子交流。孙老师、陈老师、吕老师对自己的班级工作都非常负

责，约谈家长、家访，想出了不少好的方法，他们的工作得到了老师和家长的认可，是学校的中坚力量。

充分利用老教师的带头作用。我们级部的老教师最多，五十岁以上的教师就有四位。他们工作责任心强，积极性高，每天带着老花镜备课，及时上课，从不缺课。有一个年轻老师休产假，孟老师和吕老师无怨无悔地代课一个月。这就是老教师的情怀，他们敬业爱岗，对工作满腔热情，对孩子认真负责。第一次月考，他们带的班成绩很好，这就是表率、榜样的力量，这就是正能量。有这样的榜样，年轻老师工作劲头更足，干劲更大，责任心更强。我想，有这样一个团队，没有什么困难是克服不了的。

四、积极进取，带头做好教研教改

科研教研风气浓厚。在教学过程中，我们经常遇到这样那样的问题。我从数学组开始，相互之间切磋、交流、查找问题。对每一节课的内容、备课、研课、磨课、如何挖掘、如何拓展，我们互相提建议。语文组以田老师为首，相互之间展开讨论，在指导孩子方面有自己的一套理论，田老师指导的作文已经形成系列。从去年开始，有个孩子一直写小说，现已写作好几万字。还有几个孩子经常写一些非常有情调的散文。其他几个语文老师也都认真指导孩子们。过去的一年，我们整个级部的老师对孩子们严格要求，步调一致，按时跑操，按时完成作业，养成好的习惯。文艺演出时，光我们级部就贡献了十个节目，占整个演出的三分之一之多。大型团体操表演时，孩子们全体参加，学校录制节目后再播放给孩子们看，孩子们感到非常自豪。

过去的成绩是全体老师共同努力的结果，我只是在里面起了一定的作用，有时可能是组织一下，有时可能是协调一下。我只是这个集体中的一员，我会和他们同甘共苦，一起成长。我们是一个很好的团队，每个人都是这个团体中不可或缺的一员，我们将会克服困难，勇往直前。我充分相信我的同事，我们会携起手来，有能力、有信心把孩子们教育好，把孩子们管理好，使他们都有一个好的未来。

2014年11月16日

若我告别讲台

——写给退休后的自己

明天就要告别讲台，今天是我最后一次上课。坐在办公桌前，我忽然不知道今天这节课要怎么讲，我要告诉孩子们什么？

我在这片学校的沃土上摸爬滚打了几十年，从初入职的跌跌撞撞，到现在从心里无比喜欢这份工作、喜欢这些孩子，忽然间要离开，心里竟是怎样一种绝望和不舍？就像即将故去的老人对这个世界的渴望，也许明天我就不能呼吸了吧。

离开了讲台，我不知道自己将要走向哪里。从喧闹中静下来，让我一时无法接受。我忘不了一凡对学习的一丝不苟；我忘不了蔚然对数学的那种热爱和研究，小岳由不专心到现在的抢答问题。

我被终结了劳动的生命，即将和岁月纠缠，将自己的生命定格。我不忍自己的衰老，可是我不能违抗自然的规律。

在我即将走下讲台时，回首往事，发觉自己就像一个大孩子，领着小孩子们一起在知识的大海里遨游，还偶尔采得一朵朵浪花。在他们的生命旅程里，我没错过精彩的瞬间。他们运动会获得第一名时，我为他们呐喊；他们歌咏比赛获得一等奖时，我竖起大拇指；他们拔河比赛输了，好几个孩子坐在地上流下了眼泪，我也坐下来安慰他们，期待更好的下一次。

我明白，我的教学生涯里有孩子们的精彩。在他们的生命长河中，我出

现过，陪着他们一起度过了四年，我用自己的言行引导他们，使他们成为有理想、有抱负、有责任、有担当的人，我的生命就不虚此行。

忽然间发现，我的不舍缘于我的生命已经和孩子们连在了一块，我在和他们一起成长，从一个个小小的孩童变成一个个满腹经纶、有远见卓识的优秀的人。他们成熟了，我却不经意间老了，也许我真的不能再陪他们走下去了。

忽然间想起了龙应台的《目送》："所谓的父女母子一场，只不过意味着，你和他的缘分就是今生今世不断地在目送他的背影渐行渐远。你站立在小路的这一端，看着他逐渐消失在小路转弯的地方，而且，他用背影默默告诉你：不必追。"

此刻，我在目送他们的背影一路前行，越走越远。

忽然间醒悟，趁着自己还有机会站在讲台，我要好好享受每一次的课堂。

2015年12月28日

在小有成就中提升自我

昨天第一节是数学课，我兴致勃勃地走进教室，却发现了一些问题：孩子们不积极、不主动，更别谈热情，一个个脸上是一种漠然的神态。这可不像这个班的孩子，他们到底怎么了？

下课后，我找了部分孩子了解情况，一位学习较好的孩子说："我看见圆就烦。"边说边将头转到一边，一句话把在场的人都逗乐了。

为了赶进度，这段时间我们调整了方案，要求对知识有一个初步认识就行，不再去研究深层的东西，有点蜻蜓点水的感觉，忽略了孩子们的接受能力，基础没有打牢，致使一部分孩子觉得"圆"难学，丧失了信心，不再积极投入。

找到了问题所在，我就有关问题做出弥补，首先在课堂兴趣上下功夫。我设计了孩子们感兴趣的内容，让孩子们觉得"圆"也是很有意思的。然后就有关知识做了一个弥补。比如，孩子们看不出相等的圆周角，我就画出图形，让他们亲身感受。结果是孩子们不但掌握了知识，而且还让我刮目相看。

再上课时，当我看着孩子们做的题目，那完整的解题步骤、简练的环节、简洁的解法，我心里的感觉不止甜蜜，还有幸福。

教育其实就是一个不断调整、校正的过程，孩子们的学习过程也是如此。在这个过程中，老师的授课方式要不断适应孩子们的学习能力、学习水平，依据孩子们的发展现状调整自己的进度、方式方法等。所以，我们更要细心观察。

在教育方面，我的自我感觉不错，有了一点小小的成就，让那一点小小

的成就感充斥了自己的内心，心情非常好。我愿意走到孩子们中去，与他们交流，帮助他们解决问题。我小小的成就感得到了满足，尽管这是一个小得不能再小的事情。

将心比心，我的孩子们也应该是这样吧？也许因为一件小的事情，也许是一句表扬的话，也许是一段真心实意地评价，就能将他们的自信心提高。

这让我想起了我初中的一位数学老师。其实，上初中时我有点偏科，数理化特别好。记得每次的数学作业，数学老师都将作业本的批语写得满满的，都是鼓励表扬的话。我舍不得丢掉作业本，总是用完了反面后还舍不得扔。数学老师的评语让我满心欢喜，我的成绩也格外好。有时我还拿出那写着批语的作业本向不识字的母亲炫耀，心里的幸福、满足根本装不下，想和亲人们一起分享。我每次回家先看数学，没有作业就自己找一些东西来学。在我看来，这是一种幸福，也是一种成就，那么小的一点成就感激励着我不断学习、不断攀登。

二十几年过去，我成了一名老师，一直扎扎实实地工作着，有时迷茫，有时幸福，有时无助，有时则信心百倍。在教育的沃土中蹒跚了二十几年，我仍然在努力打造自己。

小小的一点成绩，我感觉心里非常甜蜜。我想，同事们也一样吧？不要小看那一点小小的成绩，不要小看自己的一点小小的策略，或许能将自己的潜力发挥到极致，或许就点燃了孩子们心中的求知欲。老师要紧紧抓住这一点小小的自我满足感，成就孩子们，同时也成就自己。做个有心人，也许将来就会是一位了不起的教育工作者，甚至是教育家。

2011年9月23日

班主任，别让你的爱过了头

十八大报告中关于教育的论述是让学生享受公平的教育，所以班主任的教育理念要及时转变，尽快适应新形势。要想做好教育工作，需要班主任树立"立德树人"的观念，采取民主和谐的管理方法。一旦出现问题，不可急于求成，以防将问题扩大化。

要站在孩子的角度想问题。初中的孩子心理比较脆弱，心智不成熟，害怕出现问题，出现问题又怕家长知道。那种心理也许我们能体会，就像做错了事情的孩子，有的害怕家长的斥责，有的害怕家长的拳脚。所以班主任要考虑孩子们的想法，处理时心细些，仔细询问背后的原因，针对问题进行处理。看孩子们到底有什么问题，这件事情孩子们怎么想，觉得怎样处理比较好。换位思考会帮助我们想清楚好多问题，以便针对问题对症下药，将问题由大化小。

处理问题时一定要慢些、再慢些，很多事情不要急着找家长。一些家长处理问题比较粗暴，经常是训斥、打骂，弄得孩子害怕。即使找家长也要想好怎么说，要站在家长的角度看问题，让家长易于接受，让孩子易于接受。

营造民主和谐的氛围。公正公平的对待每一个孩子，不歧视学习困难的孩子，不偏向学习好的孩子，对他们一视同仁。出现问题时，能公开地让孩子们自己解决，不能公开地想办法和孩子们一起解决。平时要细心，善于发现问题，不要等到事情发展到一定程度时再去解决，要抓住解决问题的最佳时机。比如跑操，有些孩子不想去，嫌累。其实这是锻炼孩子们的最好时机，

班主任要善于抓住这一点。当然，很多事情还需要班主任细心观察、认真研究。

　　班主任的爱心要适可而止，不要爱心泛滥，大事小情都去管。要充分相信孩子们，放手让孩子们处理问题，帮助孩子们选择合适的方法。爱学生就像爱自己的孩子，但是不要让爱过了头。

2014年12月29日

让自己的喋喋不休停下来

初次上五班的数学课，我发现和四班的风格完全不同。五班的孩子上课不抬头，老师讲课时也低着头，完全不管老师讲的什么。我问孩子们，孩子们也不说为什么，回答问题有点应付。可能与换老师有关，他们已经习惯了原来老师的上课方式，我去上课不适应，出现问题也是正常的。

一节数学课上，孩子们讨论找出疑难问题，我把疑难问题呈现在黑板上，然后再讲解。我发现雨涵一直不抬头，嘴里还不时地打着哈欠，大有想睡觉的意思。我心里纳闷，她是一个成绩很好的孩子，为什么会是这样的状态？是不喜欢学还是不喜欢听？还是我的讲解有问题？

我将她叫了起来。站起来后，雨涵顺利地解答了问题，她的目光是倔强的、不友善的。我表扬了她，让她坐下。下课后我叫雨涵到办公室，想知道她心里的想法。

"雨涵，这节课你有些困，想睡觉的样子，是为什么？"我小心翼翼地问道。

"没有，我不想睡觉。"

"我看你打哈欠了，是犯困吗？"

"那是因为你喋喋不休地讲解，让我想睡觉。"

"奥，我明白了，你犯困的原因是我，那不怨你，老师对不起你，我以后改正。但是，这个问题是一个重要的问题，并且是几个小组提出来的，我觉得讲解一下是有必要的。"

也许是换老师的原因，因为之前的数学老师带了他们三年，他们和老师的感情是深厚的。我接过这个班，孩子们有疑惑也是正常的。但是这个孩子的话点醒了我，我觉得还是要改变自己。

我仍然采用了合作学习的方法，将孩子们分成很多小组，选好组长。组长需认真负责，能把组员组织好，把问题讲明白，让同学不留疑惑，有问题及时处理。这个时候，我就在班里围着小组来回转，看孩子们的学习存在哪些问题；哪个小组的理解有问题；哪个小组的学习抓住了重点，方法特别好。

下一个环节是孩子们的成果展示。首先要把重点问题梳理一遍，找方法好的孩子讲解自己的想法、做法，好多孩子在讲解时加上自己的理解，效果非常好。孩子们能懂的我就不讲，孩子们不会的、比较重要的我要重点讲，定义、定理的知识需要特别强调。因为好多东西如果不讲解，单凭孩子的理解是有偏颇的，还有一些问题不止一种解决方法，这时就要加以引导，让孩子们找到其他的方法，锻炼孩子们的发散思维。有时孩子们的方法非常有新意、有创新，讲解时经常赢得一阵阵掌声。

开始，我让班里成绩很好并且口才也好的孩子讲解，效果很好，孩子们听得也明白。后来，我让口才不太好但是成绩很好的孩子讲解，大家也能听得明白。孩子们的掌声、叫好声越来越多，大家学习也很积极，都跃跃欲试来讲一讲。我想，不管用什么方法，让孩子们主动自觉的学习是最终目的。只要孩子们愿意学，能掌握知识，就是好的方法。我感叹，我与孩子们的思维不在一条起跑线上，对孩子们的了解也不是很到位。其实，真正的学习是孩子们自己学会学习、主动学习，能坚持一生学习，活到老学到老。

后来，我让孩子们学会倾听，当别人讲解时要学会认真倾听、认真领会，做到确实学会，并且能讲给别人听。我发现孩子们的积极性很高、很投入，学习也很认真，相互之间合作也很愉快，很容易就学会了知识。

再后来，我让孩子们学会辨别，发现问题敢于质疑、敢于讨论，为了一个问题，几个孩子争得面红耳赤，都企图用自己的理论驳倒别人。他们结合旧知识，再加上自己对问题的理解，试图用不同的方法说服大家。有些方法确实是很好的。最后，我出面澄清问题，让大家在辩论中理解知识。

我有时想，老师已经形成了一种思维定式，就是习惯讲解。有时孩子们已经不喜欢听，老师还是要喋喋不休地讲，所以课堂效率很低。要想课堂有高效率，孩子们有好的学习习惯，自己还是要少讲、精讲，甚至不讲，让孩子们真正动起来、活泼起来。其实课堂高效也不难，关键在于大胆放手，让孩子们在老师的指导下合作、探究、学习，而不是被动地应付学习。

只要我们充分相信孩子，停下自己的喋喋不休，让孩子们做主人，让孩子们自己讲解、质疑，让他们学会学习、学会合作，他们一定会学好的。

2016年5月16日

反思自己

　　教学就是这样，晋级评聘都要进行评选，这是教育科研的一部分，也是促使教师提升自己教学水平的重要渠道之一。比如星光大道，每届都有评委，再好的节目也要有个名次，所以对这些评比要正确看待。如果将来有一天自己做评委，又将如何评价他人呢？

　　比赛就要有输赢，评上很好，但是也要做出没评上的准备。如果没有评选上，不如反思自己的问题到底出在哪儿，是目标找的不准还是定位不准确？是知识挖掘不到位还是没讲透？是对孩子们的估计过高还是过低？孩子们的参与多不多？积极性调动起来了吗？是大多数孩子会还是只有很少数的孩子会？本节课有哪些地方要改进？如何改进？体现了孩子们的学习过程吗？展示了孩子们的思维过程吗？孩子们的思维中有漏洞吗？

　　反思自己的教学，然后改进，这就是进步。静下心来研究教学，会对自己的成长大有裨益。

2014年12月18日

你尽责了吗

下午活动课，六班班主任陈老师对我说，计算机课上阳阳砸了教室电脑的显示器，孩子们害怕，找到班主任，问怎么处理。

班主任联系家长，家长很快赶到学校，询问情况后用很短的时间买了显示器送来。我非常感动，对家长的通情达理表示敬意。

第二天，家长又到校找我，就这一事情说明自己的委屈：上课时间老师不在教室，出现了问题老师就没有责任吗？我想，这是我的工作出现问题，没有冷静理智地处理，应该先去调查一番。我向家长承诺，这件事情一定调查清楚，若果真是这种情况，老师肯定有责任，不管结果如何，我会通知家长。

经过调查，事情的经过是：上课时，计算机老师不在教室，小凯向阳阳要一个棒棒糖，阳阳朝着小凯的方向一扔，一下砸在显示器屏幕上，显示器屏幕碎裂，就出现了开头的一幕。很显然，责任不仅是孩子们的，老师上课擅离职守也是失职行为。

我征求了校长的意见，对老师进行了处理。之后我向家长道歉，孩子在课堂上出现问题真的不全是孩子的责任，老师也负有不可推卸的重要责任。正常上课期间擅离职守，不符合教师职业道德要求，不是一个合格教师应有的态度。老师不知道孩子们的情况，没有履行好自己的职责。

家长的做法是合理的，我们应该反思自己的管理。这给我们敲响了警钟，一定要抓严、抓实过程管理，不要出现管理的死角。

　　我们不要给自己的工作留下漏洞，要忠于职守，不脱离岗位，认真做好自己的工作，认真履行自己的职责，尽自己的义务，做好孩子们成长路上的引路人。

2015年12月28日

学习是为了什么

好多孩子对学习的目标不清晰，没有学习的主动性。他们不知道学习是为了什么，只知道家长要求学习，老师也要求学习。在大家的要求下，孩子勉为其难去上学。家长每天接送，早上早起做饭，中午还要送饭，晚上陪着写作业。说实在的，孩子上学辛苦，家长也辛苦。只有当孩子们外出读大学后，家长才稍微松口气。

学习是为了什么？

首先，我认为不学习就要落后，落后不只是挨打的问题，也许会有更严重的后果。现在世界变化太快，移动互联网飞速发展，用手机就可以解决好多问题。就餐、买东西、交各种生活用费，不出门就可以办到。世界上很多知名企业因为各种原因纷纷倒闭。如世界500强企业"柯达"，因为手机的出现，2012年宣布破产。当中国移动得意于是中国最大的通讯商时，微信客户已突破六亿；当很多人还在想租个店铺做小生意时，双十一网购已创造天价成交额。不要说不学习，就是停止学习或者学习慢一点都有可能被淘汰出局，所以学习太重要了！

其次，学习可以使人有气质，"腹有诗书气自华"。经常听到很多人说，走向社会后，学习的二次函数没有几个人用得上，去买东西不用它，也用不到方程，所以学好学坏没差别。其实，学习的知识真正能用到生活中的没有多少，但是关键在于，孩子会把很多别人没有的气质不自觉地流露出来，做起事情来让人觉得舒服，处理问题让人佩服，从而在不知不觉中让自己的形象提

升一个档次。

学习可以改善思维方式，尽快适应社会生活。有了知识，孩子们的思维就不同于别人。很多时候，思维方式决定了一个人的人生。40岁的柳传志缔造了联想集团，高考三次落榜的俞敏洪打造了教育航母——新东方，马云书写了电商传奇。善于学习、经常学习的人，站的高度就高，对很多问题就有自己独特的见解。

学习可以让孩子们将来选择的机会更多。借用龙应台写给儿子安德烈的一段话："孩子，我要求你读书用功，不是因为我要你跟别人比成绩，而是因为，我希望你将来会拥有选择的权利，选择有意义、有时间的工作，而不是被迫谋生。当你的工作在你心中有意义，你就有成就感。当你的工作给你时间，不剥夺你的生活，你就有尊严。成就感和尊严，给你快乐。"如果孩子足够优秀，就会有大把的选择机会。

现在我们的祖国变得越来越强大，中国的航空航天事业、港珠澳大桥、贵州清水河大桥让世界各国称赞，高铁技术全球领先。孩子，看着祖国的一切都在蒸蒸日上，你有什么理由不学习？在大好的年华、大好的时光里，在应该学习的年龄，你有什么理由不学习？

2016年10月17日

批评孩子有感

青是我学生的女儿。六年级入学时，学生找到我，要把孩子放在我的班里。学生如此相信我，我就认真地对待这件事情。

从一开始入学，我就认真研究这个孩子。青是一个正直、可爱的孩子，很有正义感，心地善良，就是学习习惯不太好，老是丢三落四，考试也有问题，不是这里出错就是那里有问题。青有一段时间很上进，但只有三分钟热度。

有一段时间，青晚作业不做。看着她的作业本，我心里很着急。今天早上，我打开她的作业本，发现她做得又不好，简单地写几个题目，或是潦草地写几个数字，纯粹是应付。我把她叫过来，问了原因，批评了一顿。孩子很委屈，哭着走了。

下午我还在反思，这孩子不知道自己怎么回事，一直不改变，也不知如何改，也许我要改变一下思路。

我把她叫到办公室，首先检讨自己："今天早上我态度不好，狠狠地批评了你，态度粗暴，非常非常对不起！我真心地向你道歉。你觉得自己哪里有问题？需要我帮忙吗？"因为她一直以来成绩总是下滑，我不知道怎么回事，也没找出问题的原因，是家庭的问题还是其他什么原因。我知道孩子的爸妈在城里住，而孩子跟着爷爷奶奶在老家，平时都是爷爷奶奶照顾。爸妈见她不多，管也只是象征性地问一下，并且我们每一次的家长会家长都不来开。

孩子一听我这样说，眼泪"哗"地流了下来，连忙摇头："不用，没事没事，没有什么问题，我就是粗心。"转而笑了起来。

我想，是不是我对孩子的态度让她受不了？正好单元测验刚刚结束，我拿她的试卷看了一下，真的有了很大提高，只错了一个填空、一个选择，我又借此表扬了她。

很多时候，改变自己的说话方式，站在孩子的角度，想孩子所想，急孩子所急，还是很有必要的。其实孩子都有一颗上进心，唯恐自己表现不好，越想好好表现越出问题，有时还不知道问题出在哪里。

通过这个孩子，我要改变自己的态度，细心研究孩子，专心研究教学，与孩子一起成长。

2015年7月27日

金子就在自己的身边

阴差阳错，我替别人参加了一个新教育的会议。当时学校确定参加会议的人并不是我，因为他临时有事，所以我就有了这样一次体验。新教育已经开始了很多年，有很多"毛毛虫们"已经变成了美丽的蝴蝶。我们只是站在岸边欣赏风景，看着人家工作得如火如荼，眼里只有羡慕。年龄的原因，我觉得自己有点老，怕起不了带头作用，也怕浪费了这样的机会。

这次会议的级别很高，有专门研究新教育的外国专家六人。我有幸第一次和新教育接触，真的觉得受益匪浅。

参加会议的专家有朱永新、许新海、朱志文，每人都从新的角度对理想课堂进行了诠释。这次会议的主题是"相约美丽日照，共筑理想课堂"，听了几位外国专家的发言，欣赏了三节课：一节音乐、一节数学，还有一节语文。音乐老师的课堂充满着灵气，领着孩子们跳舞、唱歌，都是即兴的，人长得美，课也上得美。数学课讲的圆的周长，孩子们将圆分成若干份来求圆的周长，越分越多，以至于出现了极限思想。孩子们思维的发展让我们充满敬意，多次鼓掌，整节课体现了孩子们智慧的挑战、情感的共鸣、发现的愉悦，让我佩服。

课堂是根，要无限相信师生的潜力，相信岁月，相信种子，只要行动就有收获，只要坚持就能创造奇迹。

最后，美国波士顿大学严士蕃教授用一个故事结束了会议——小偷和富人的故事。一个小偷盯上一个富人已经很久了，但是一直没机会下手。这天，小偷跟着富人一块坐火车。富人去厕所，小偷就把富人的东西翻了一遍，最终也

没找到钱在哪里。富人回来一看，他说："我知道你要什么，但是没在我这里，都在你的枕头下。"

其实，我们何尝不是这样呢？金子就在自己身边，新教育就在身边，但我们的目光却在别人身上溜转，而忽略了很多身边的东西。机会就在自己的手中，只要真的想去做，何不从自己做起，和孩子们一道过一种幸福完整的教育生活呢？

2014年1月3日

磨难是一笔财富

今天是周五。刚吃完午饭，有一个陌生电话打进来，我看着有点眼熟，但又一时想不起来是谁。我接起电话，发现是以前的学生辰，他说过来看我。他已经开始工作了，我为他高兴。

走到大门口，一张脸笑容满面地映在眼前。辰壮实了，有精神，个子长高了，有一米八多，脸色红润，身体很棒。

他是2004年入校的，刚来时脸色蜡黄，很瘦小。我是2005年教他七年级的。后来，他经常请假，直到我和他妈妈谈过几次话后才知道，这个孩子原来那么多灾多难。

小学时他在路上被车撞伤，伤到了头和腰部，后来一直头疼。他喜欢学习，但学习时间不能太长，否则就会头疼。腰部伤到了脊椎，也一直不好。一次次的住院，一次次的手术，后来他的头终于治好了，但腰又开始疼，不敢跑操，不敢活动，又一次次住进医院。好在老天眷顾他，终于在几年后痊愈。后来，他以高出录取分数线一百多分的成绩顺利进入高中。

他一直说，高中和初中有一个隔阂，有一个大的、不太好跨越的台阶。而我意识到这样一个问题是在几年前。那时我很关心自己的孩子们，他们的高中生活我想去了解，我想看着他们走得更远。但我发现好多孩子上了高中不适应学校生活，有时要一年后才能转变过来。学习上也有这种现象，比如数学也有一个台阶，学习的节奏以及学习的习惯、方法、效率等都有很大差异。再加上新班主任面对很多孩子，没有时间和孩子们聊天、讲道理。

　　他曾经问过高中班主任："老师，我怎么才能学习好？"老师说："你要是班里前6名，我就告诉你。"说这些时，他已经很平静，不再生气，对于老师的心情也比较理解。我觉得这是一笔财富，对孩子的成长有好处。

　　他过分依赖初中的老师。他说，我当时表扬他时，说过"你们看辰做一个题对一个，真的厉害"。后来，为了得到我的表扬，他就努力做题，数学经常考满分。

　　我记得他当时很压抑，不想和任何人说话，有点自卑。因为他受过太多的磨难，看上去比较忧郁、比较哀伤。于是，我在班里常常表扬他，私底下经常和他谈心，以鼓励为主。

　　现在，他似乎成熟了很多，不再那么愤激，不再忧郁。他说："老师，我不再生气，我理解社会就是一个大学校，我要学会适应社会，搞好人际关系，与人和谐相处。换个角度看问题，也许就会有一片新天地。"他走了出来，我很为他高兴。

　　为了庆祝这些，我送他一个崭新的水杯。他高兴地收了起来。我希望他的未来也像现在的心情，一切都好。

2016年4月27日

我看到了希望

昔天打开中央电视台的《等着我》栏目，其中一个寻找老师的片段让我倍觉温馨，觉得教育是有希望的、美好的、温暖的。

一帮共和国的同龄人寻找当年刚入校时的班主任，时隔45年，几乎半个世纪，当年的同学有的已经去世，但他们依然在寻找，要找到当年的班主任。之所以找班主任，是因为当时他们的班主任刚大学毕业就走进了他们的生活，和他们一起学习、一起生活、一起实习，并且时时刻刻关爱着他们。

那是1965年，林华、郭成权等人进入福建化工学校求学时，遇到了班主任兼体育老师时爱霞。在求学的四年时间里，时老师用自己深深的爱引领他们成长，令他们终生难忘。1970年他们从学校毕业后，时老师也因为调动工作与大家失去了联系。当年的青葱少年如今都已年过花甲，但他们始终没有忘记过时爱霞老师，也希望能够找到她。

1949年出生的人，入校时穿着破衣烂衫。由于生活的拮据，他们非常自卑，跑操都喊不出口号。时老师教育他们要有自信心，要自己看得起自己，否则会被别人看不起。在生活很困难的年月里，时老师身体力行，要他们节约粮食，学会自尊、自爱、自信。福建的冬天又潮又冷，一个女生的腰腿有风湿病，夜里犯了病。时老师前半夜一直没睡，外出给她找来了一碗热腾腾的水。就是那一碗热水，在1965年的深夜里让她倍感温暖。其实对时老师来说，这也许就是再普通不过的一件小事，但让当时的孩子们记住了时老师对他们的真心，以及无私的奉献。

他们寻找了45年，一直找，同学聚会由十年一聚到五年一聚，再到三年一聚，几乎每次都选择在学校聚会，就想找到时老师，无奈真的没找到，只好求助中央电视台《等着我》栏目。找到时老师的那一刻，同学们心潮澎湃，仍然给时老师弯腰、鞠躬、问好。他们给时老师撰写了一副对联：爱心常驻福如东海，霞光永照寿比南山，横批：时代恩师。将时老师的名字藏于对联里面，心里充满对时老师深深的爱。

心脏刚刚做完搭桥手术的时老师激动得热泪盈眶，自己的正常工作让当时的孩子们受益颇深，自己的言行举止深深地影响着他们。她没有想到，自己和孩子们相处的四年对他们的一生有着深远的影响。时老师觉得自己没有那么好，自己做的是一般的事情，蛮正常的。也许时老师没想到，自己发自内心的工作，用真心对待孩子们，用真心呵护孩子们，用真心关爱孩子们，给孩子们留下了那么深刻的印象，给孩子们的人生之路做了一个很好的铺垫。

我流下了感动的泪水，为这半世纪的情怀，为这段美好岁月的华章，为这些头发花白的半百老人的情怀。我从事教学工作三十一年，期间的种种小事好多已经忘记，我也渴望有那么一种情怀能让人铭记。

昨天的节目让我感动，让我觉得中国的教育是很美好的，中国的教育是有希望的。中国的教育始终有这样一群人，就像当年的时老师一样，用自己的情怀无私地关爱着孩子们，他们既有知识又有头脑，引领着广大的教育工作者正在向宽广的大道前进。

我欣慰，自己是一位老师！

2016年5月16日

听天书

今天在日照市新营小学西校区，朱永新教授邀请了美国的Gary Borcth和德国的吉娜女士做报告。Gary Borcth纯正的美式英语缓缓地流淌，听上去是一种享受，可惜我不懂英语；吉娜女士的英语讲得较慢，讲到高兴时眉飞色舞、手舞足蹈，但我还是云里雾里，不知所云。感觉今天的报告是一场独角戏，没有人去应和，也没有人提问。当然，对我们而言，更是一窍不通。美女翻译站在不远处断断续续地翻译着，听着断断续续的翻译，我的思绪时常短路。

我从小没学过英语，想学，但没有恒心、缺乏毅力，也没有这样的一个语言环境。现在年龄大了，记忆力减退，看不会，也听不懂，像在听天书。此时思想开始漫游，外面的天气状况如何？空气质量怎么样？有没有雨？气温是否下降……

我又想起了我们的课堂。如果孩子们不喜欢老师的课堂，是否也像我思维悠游？是否也在痴想问题而没有听到老师的提问？是否抱着小说在读？是否在干其他？孩子们的表现真的不错，没有让老师生气，至少是尊重老师的，因为没有人故意捣乱。所以为了尊重孩子们，我们的课堂也应该让孩子们喜欢。

新教育的理想课堂有六个维度，即参与度、亲和度、自由度、整合度、练习度、延展度。审视自己，我的课堂做到了几个度？还有哪几个做得不好？"课堂是孩子们独有的生活方式，应该有民主和谐的教育生活，是孩子们生命活力张扬的地方，是孩子们生活价值增值的地方。"有师生的智慧融合在里

面，有师生的情感倾注在里面，所以课堂必须是多彩的，是孩子们生命绽放的地方。

所以，我的课堂不会让孩子们像在听天书。课堂是孩子们的，让他们施展自身绝技，在课堂上尽情绽放自己。

2014年11月8日

如何上好数学课

上了多年的数学课，我仍然觉得要想上好一节课需要自己不断努力和付出，不断探索和创新。每天自己都像一个小孩子，小心翼翼地，稍微不注意就出问题。我存着一份敬畏之心在教学，觉得自己的工作神圣不容侵犯。我希望不仅是教孩子们，更是向孩子们学习。孩子们的世界是丰富多彩的，我希望自己变得像孩子一样，有观察世界的眼睛。在课堂教学中，我注意了以下几点：

一是数学问题生活化。在教学中，我很注意将数学问题与现实生活联系起来，让孩子们根据自己对生活的理解和观察学数学。因为数学问题来源于生活，又应用于生活。

二是数学问题趣味化。我精心准备课堂教学，让数学问题变得趣味化、有新意。激发孩子们的学习兴趣，使他们都能参与到课堂学习中，激励他们将数学学好。这一点不仅对低年级孩子管用，对高年级孩子也同样有用。试想，当我们在听报告时，如果发言人没激情，讲得又不动听，我们还会用心听吗？如果孩子们天天在老师这样不积极的状态中，又怎么提高课堂成绩？

三是数学问题简单化。有些数学问题比较复杂，我的想法是简单化。

如果老师的课堂做到这三点，让孩子们既有兴趣又与他们的生活紧密相连，那么就在无形之中增加了孩子们的兴趣，促使他们想方设法学好数学，对数学产生浓厚的兴趣，甚至会影响他们的一生。

2017年10月16日

秩　序

8月3号，我们一行几十人去北京学习。到达北京南站时是上午11点30分。如果接站顺利，我们十二点就可以到达目的地，并很快吃上午餐。

出了站台，我们来到北出口，在那里等待前来接我们的曹先生。从我们的家乡来到首都，仅是一个车站就让我们晕头转向，像刘姥姥进了大观园。我们紧跟着队伍，连厕所也不敢去，生怕掉队，更怕拖后腿。

我们在北出站口等了好长时间，没见有人来，便来到二楼候车厅继续等待。七八十人一字排开，好长的队伍，来来往往的客人不时地瞟来一眼。我们等到下午三点，好不容易等来了接站的曹先生。他说司机听错，跑到西站去接我们了，我们还要再等一会车。

曹先生一见到我们，就忙不迭地抱怨："我跟司机说好，到北京南站，他们跑到西客站。还有，我就在底下一层，其实你们就在我的上面，我跟你们说了，你们就是找不到我。"我们在站台苦苦地等了四个多小时，没有一个人因为车没来而生气，没有一个人因为没吃饭而发火，大家都在静静地等待，安静地守在那里。

没有人说话，跟着曹先生楼上楼下地跑来转去，大家都拖着包，甚至同一个地方我们走了两次，还是没找到出站口。终于在四点的时候，曹先生带着我们出了车站。曹先生也许是北京人，也许是在北京多年的外地人，对车站还是这样陌生，这让我对车站更是有疑虑，如果我自己来会不会出不去？

8月7号，女儿有事到北京，晚上八点半到北京南站，让我去接她。我心里有一丝恐慌，不知会不会出差错。我提前一小时乘地铁赶到，旅客来来往往的车站，步履匆匆的人们，很有秩序地各行其道。我仔细观察，电子屏上一直在显示哪次列车几点几分到站，还有多长时间，如果晚点也会有提示，出站口是几号台，向哪个方向走。尽管我经常辨不清东西南北，但这里有提示牌，还是非常清晰明了的。

我到3号出站口接女儿，她乘坐G142次列车进站。出站口有很多人在接站，大家有秩序地排队等候，不拥挤，不嘈杂。随着旅客进站，接到客人的马上有秩序地离开，真是乱中有序。女儿一到就看到了我。

纷繁复杂的事物也自有规律在里面，并不是表面看到的一团糟，善于动脑筋去想一下，善于观察各种提示，即便是再复杂的地方也不会迷失，总有办法找到切入点。只要找到入口，一切问题就能迎刃而解。有时慌不择路，其实是我们将自己的心搅乱，被穿梭往来的人们扰乱了心智，将自己迷失在路上。

2015年8月31日

拔河比赛

前段时间，团委组织了孩子们的拔河比赛，我们初二级部的比赛被安排在周二下午活动课进行。

今年的拔河比赛班主任们都信心满满，都想自己的班级获得第一名。借活动促工作，这一点确实是有经验的班主任的共识。

运动场上，当各班人数确定好之后，各班主任就在队伍的旁边大声呐喊、加油，也用手势加油，希望自己的班级获得第一名。

当自己的班级暂时取得第一名时，班主任又充分鼓励孩子们，积极准备下一轮的比赛，争取获得更好的名次。

望着一张张兴奋的笑脸，我内心非常感动。老师的责任心和自己的班级是连在一起的，都希望自己的班级获得第一名，即使不是第一名，但是自己和孩子们尽了力，也是问心无愧的。

经过一轮轮的比赛，二班最终获得了级部第一名。当拔河比赛结束的一刹那，有几个女生兴奋地坐在地上哭了起来，男生则又蹦又跳。二班是第一次摘得桂冠，可见孩子们对这个结果有多在乎、多重视！我发现，孩子们真的在乎每一次的活动，在乎每一次的参与，在乎每一次的努力，也在乎每一次的成果。

是的，小小的细节充实着孩子们的生活，铸就了孩子们人生路上的每一步，锻炼了孩子们的体能、心智，更给孩子们带来了奋力拼搏、积极向上的勇气。

拔河比赛

2014年12月11日

课间操

天气渐冷，孩子们感冒发烧的逐渐增多。为了减少疾病的发生，我们一直坚持让孩子们跑操。每天上午大课间的半小时，只要不是雾霾、下雨、下雪的天气，我们都和孩子们一起坚持跑操。

跑操，从锻炼身体方面来说对孩子们有好处。上了几节课以后，活动活动筋骨，调节一下情绪，有利于下节课的学习，既增强了体质又提高了学习效率。特别是现在，天气越来越冷，还可以预防感冒，何乐而不为？

另一方面，这是学校的一个制度。作为孩子，要遵守学校纪律，服从管理，所以要坚持跑操。何况我们的速度并不快，只是有氧运动，跑完后并不累，又身心舒爽，何乐而不为？

要孩子们自觉跑操，孩子们的认识还达不到那个境界。现在的孩子都是娇娃娃，不想出汗，不想出力，到达自觉还有一段距离，况且他们的认识也要在班主任的正确引导下才能形成。

鉴于此，我觉得要让孩子们坚持跑操并形成习惯，可以从以下几个方面来做：一是按时到位，第二节课后抓紧时间集合；二是没有特殊情况全部参加跑操；三是跑操时精力要集中，不要说话，队形要整齐；四是对无故不参加跑操的孩子要有一定的惩戒措施。

2014年12月13日

课堂上不要讲这句话

教学能手评选时，我作为评委听课。中间环节老师设置了一个题目，然后告诉孩子们："同学们，下课时间考虑一下。"我一听，真熟悉，原来的时候自己也在不自觉地说这句话，但现在我已经改掉了。因为我发现这句话就是一句废话，说了和不说一样，所以不说也罢。

老师说这句话，无非是觉得这个问题不说有点可惜，但说了又要耽误时间，本节内容很重要，让孩子们在课下自己解决一下，巩固本节知识。其实，这只是老师的一厢情愿。

但在孩子们那里可能会想：终于下课了，一切随他，谁还会再去做这个题目。

我就犯过这个错误，有时故意卖个关子，抛一个题目给孩子们。过后我以为孩子们会很自觉地完成，但等我检查的时候却发现，百分之百的孩子没有做。为什么？有的孩子说忘了，有的说想着但不会做，有的更干脆，就说不想做。

后来我发现，这句话说了和不说一样。孩子们觉得，老师不会检查，像是一个考察的问题，所以不做也罢。老师的要求不明确、不具体，属于模棱两可的问题。

现在的孩子学习负担重，上学时间紧张忙碌，课外时间被家长送去各种补习班，天天学习，对学习非常厌倦。所以老师们，不要再随意布置作业增加孩子的负担，课堂上应该完成的内容就不要拖到课下。

2014年12月17日

足球赛

我们学校是全国足球文明校园，孩子们对足球的热爱无比狂热，已经到了痴迷的程度。饭后、课间、活动课，能踢足球就不干别的，所有的队员凑在一起就是谈论足球，怎么进攻、怎么防守、怎么排队，俨然大人的模样。

2016～2017年度市教育局校园足球赛，我们学校夺得女子组冠军，男队获得第三名。这是我们第一次参加市级足球赛，成绩还是很不错的！

学校不时地举办这种比赛，大家的心就聚在一起，天天研究如何战胜对手。

今天学校举办足球赛，我们班积极报名参加。第一轮淘汰赛，我班男队点球胜出，女队则大比分6：0胜出。

进入半决赛，我们两个队又分别胜出：男队1：0，女队6：0。大家士气高涨，信心百倍地想夺冠军。

决赛开始，男女队员都表现得非常好，最后战成了平局，最后点球决胜负。由于队员思想出现起伏，点球不到位，又或是守门员不灵活，导致我们两个队都失利了，均取得亚军。

比赛结束，所有的女队员失声痛哭，男队则比较平静。因为在强大的对手面前，男队踢得有声有色，奋勇拼搏。

我无法安抚她们，只能表示下次赛好就行。但是看到孩子们眼里的失望，我也不禁难过。

一次足球赛，我看到了孩子们的热情，看到了孩子们的积极进取，看到了孩子们认真的态度。我希望，我们四班在以后的日子里不畏困难、勇往直前，对学习尽心尽力，做到不留遗憾！

足球赛上展风采

2017年11月23日

期中考试随想

今天是我们期中考试的最后一天，上午考数学和生物，下午阅卷。

今年的期中考试我们用的其他学校的试题。其中，七年级数学试卷的题目还是很好的，从题目的难易程度、题量的多少、知识的覆盖面来看都是不错的。

成绩很快出来了，我们四班的数学成绩以绝对的优势名列第一。仅优秀生就有二十一人之多，整个级部有四人满分，我们班有两人。

分析本学期的情况，我发现自己也在快速成长。因为孩子们喜欢数学，喜欢上数学课，所以我也更努力地上好数学课，想办法让孩子们喜欢我的课堂。

课堂上，孩子们是欢快的。从其他学校转入的几个孩子学习习惯较差，管不住自己，上课不是开小差就是做小动作，有时眼睛盯着一个地方出神，任凭老师怎么说他也不知道应该干什么，听课也是一知半解，一节课学不了多少东西。我把座位调整了一下，让几个孩子相互比着学习，这在一定程度上激发了学生学习的积极性。

记得上节课订正配套练习册的题目时，有两道题目的难度有点大，三个孩子每人想出了一种好方法。我站在旁边鼓励他们："你们三个真了不起，我觉得下一道题你们一定会做得更好，要不要试一试？"他们三个就认真地关注下一道题目，在很短的时间内解了出来，我在班里表扬了他们。

有时，细节真的可以决定成败。每一个孩子的成长都离不开细节，每一个细节都留下孩子的足迹，这些歪歪扭扭的足迹描绘了孩子的走向，一直通往孩子的未来。这些细节充实着孩子的每一步，丰富着孩子的生活。所以，每一个小小的细节就像一个小小的珍珠，凝聚着孩子们的心血、智慧，串在一起晶莹剔透，织成孩子们美好的未来。细细想来，每个成长的孩子都是这样一步一步走过来的。

这些孩子喜欢我的课堂，我喜欢他们的激情发言，同学们相互之间进行评价，最后我做总结。他们很在意我的总结，所以我很少批评，以表扬、肯定、鼓励为主，激发孩子们的学习兴趣，让他们更大限度地参与到学习中来。很多时候，孩子们总是盼着下一节课的到来。

我给自己定下的目标是：初一、初二要培养兴趣，给孩子们打下良好的基础；初三、初四抓成绩提升。自己在中年又一次站到了教学的风口浪尖上，我也在成长，和孩子们一块成长。

2014年11月20日

又是报名季

每年都有这样一天——六年级新生入学报到。

今年，我六点二十赶到学校。刚刚六点半，就有家长带着孩子赶来学校。家长的心情、孩子的心情我非常理解，争先恐后，唯恐出现什么问题。

六点五十，家长把我们围得里三层外三层，名单被拿来拿去，让他们排队也不听，人人都在挤，你推我搡，老师嗓子喊哑了但好多孩子还是听不见。七点，太阳已经高高升起，明晃晃的刺眼，家长把我们围住，居然没感到晒。我们处在最里层，也是最不利的一层，所有的材料都被家长拿着，我们喊破嗓子也要不来。有的孩子不交入学通知书，没领《致家长的一封信》，场面一度乱糟糟。

现在，家长的素质普遍较高，对孩子的要求在提高，对老师的要求也在提高。由于之前出现的一些问题，导致家长有了很大的依靠，依赖心理很重。比如对孩子的教育问题，他们若觉得管不了孩子，就什么事情都找老师。家长应该是孩子的第一任老师，孩子的习惯养成也应该是家长的责任。

反思报名这一问题，一方面是学校没有做好工作，应该让孩子按顺序报到，是学校的组织有问题；另一方面是家长的认识还需要提高，特别是对孩子的教育问题。

教育应该走在理性的路上！

2016年8月26日

用心学习

进入九年级，知识量增多，难度加深，一节课不上就可能出现知识断层。所以，九年级的孩子必须加强体育锻炼，增强身体素质。当然，这只是我自己的想法，真实的情况怎样呢？

学习好点的孩子不想锻炼，学习差点的孩子也不想锻炼，不如就这样轻轻松松的。学习也是这样，不求上进，不去努力，以为上课听懂课下适当巩固就行。

做学问一定要踏踏实实，来不得半点马虎。我曾经一直这样要求孩子们：学习一定要老老实实地学，养成好习惯，不要投机取巧、浮漂、虚浮；学习一定要脚踏实地，用心去学，只要用心，没有干不好的事情。

2011年参加高考的孩子中有这样一个孩子，姐姐、母亲和父亲遭遇车祸去世，对当时正在读书的他是一个不小的打击，当时他的入学成绩并不好。他思虑再三，觉得自己不能这样下去，于是痛下决心，一定要好好学习。从此，他每天夜里找地方看书学习，需要记住的就认真背诵，需要理解的就反复研读、认真理会，需要做题的就认真做题，再也不去上网，每天上课认真听讲，认真做作业，把所学知识全部弄懂。之后的一次月考，他的成绩一下成为级部第一，之后他一直认真学习。在高二下学期，他参加了大学的自考招生，被清华大学破格录取。这是孩子自己的实力，也是孩子懂事后努力的结果。如果没有他自己的努力，哪有后来的辉煌？后来他曾被很多学校请去演讲，讲自己的经历，鼓励年龄更小的孩子。仔细想来，别人之所以没有他的成就，也许不够努力，也许决心不够大，也许目标不明确。这个孩子踏踏实实地学习、实实在在

地学习，我也为他感到高兴！

　　学习是给自己学的，但好多孩子不明白，认为是家长和老师的双重压力在起作用，所以仍然浑浑噩噩，不知所以然。

　　只要用心学习，没有学不好的；只要用心做事，也没有做不好的。关键是，同学们，你用心了吗？

2016年10月14日

师友·成长

——不忘初心始前行

享受学习，体验幸福

坦率地说，近几年每年一次的外出学习都让我非常享受，感觉很幸福。我感激领导提供这样的机会，让我这样的井底之蛙也能跳出井口，看看外面蔚蓝的天空。我去华东师范大学和北京师范大学学习的机会比较多，与专家学者接触的机会也比较多。我坐在教室里，听他们或侃侃而谈，或娓娓叙述自己的学术论著，近距离感受最前沿的教育理论，我的心灵受到一次次洗礼，一次次感到震撼。每次的外出学习，我也由感动变成了殷切的期盼，盼着下一次的学习在某个时刻不期而遇。

我听过好多教授的课，他们大多有海外学习的经历，所以带来许多国外的理论研究。在学习中，他们敏锐的头脑、广博的知识和独特的思考方法时时激励着我。他们善于从现象中发现、挖掘规律，枯燥的理论被他们讲来，让我感到既实用又亲切。他们的讲课遵循高深知识浅显化、粗糙知识趣味化、学科知识通俗化的原则，所以虽然一节课好几个小时，但教授们讲得津津有味，我们听得不亦乐乎。

在他们的讲解下，我知道了微课、翻转课堂。我知道微课有很多学校做得非常好，比如上海的古美高中；我见识了好多我从没见过的东西；我发现许多校长是带着研究生的教授，他们既有知识又有头脑，善于管理，善于学习，善于把自己的理论用于实践，又用实践来检验真理。

我听过很多校长和教研员的报告。校长和教研员的观点都是自己要如何带出一个好的团队，用什么方法关心下属。比如智慧的教研员韩玲老师，她善于动脑筋，用智慧管理自己的团队。她认为，带团队就是带人心，管理就是管心，以己之心动人之心，管理的本质是激励，一个善意的微笑、一个真诚的赞美，都会使被管理者干劲十足。她用期望和赞美管理下属，希望能产生奇迹。

我听过优秀班主任的报告，他们都是从自己的爱心出发引领孩子们。隗金枝老师是北京市房山中学的一名高中班主任，她给我的感觉就是处处充满智慧，处处用智慧引领孩子的成长。在多年的班主任工作中，她以关注孩子们的终身发展为教学根本宗旨，挖掘孩子们的潜能，充分调动孩子们的积极性，让他们展示自己鲜为人知的才华，提升自己的人生价值。她为孩子们设计了多种形式的主题活动，使孩子们能得到层次更丰富的教育。通过这些主题活动，孩子们的情感世界更加丰富，在主动参与、积极实践的过程中感悟到亲情和友情，了解社会的发展和时代的需求。在这个过程中，她赢得了孩子们们的喜爱，赢得了同行们的尊重，也赢得了领导和外界的肯定。她常说，虽然自己是最小的主任，但只要和孩子们在一起，得到的就是天底下最大的快乐。通过策划活动唤醒孩子们心中的真诚，让他们发现生活是美好的、人心是善良的、学习是愉悦的、分享是快乐的。让孩子们在生活和学习中自发地修正自己的行为，实现道德人格的提升。

跟着胡东芳老师，我学会了论文写作的方法。原来我们不知道论文如何写，有时就上网搜别人的，拿来一改，权且一用。但真正的论文写作没有那么容易。胡东芳老师从论文写作的基本知识入手，告诉我们怎样写论文、怎样拟题目、怎样找论据、怎样准备材料。他提倡论文写作要"大胆假设，小心求证"，必须有创新。他强调行动研究，突出校本研究，关注叙事研究。他叮嘱大家要"TRY"，即"尝试+努力=成功"。胡东芳老师年龄不大，但他的写作能力非常强，在攻读博士期间发表学术论文82篇，出版了9本书。

从小读着《黄帝内经》长大的吉春亚老师被大家戏称为"神仙姐姐"，她有着自己独特的教育教学方法，人长得美，课也讲得漂亮。一袭华贵的旗袍，一头飘逸的长发，带着沁人心脾的文化气息，像远古时代的才女，身上有着淡淡的墨香，安静、端庄、典雅。"只有做强自己，才能感染身边人。"一堂语文课应该符合三个要求：一是"味"正；二是"情"浓；三是"式"活。创新既是吉老师教学的方向目标，也是她教学的灵魂特色。超越教材，超越老师，超越自我，引导孩子们学会自主学习，学会持续发展，探索思维规律、学习规

律、认知规律，掌握科学的学习方法，形成良好的学习习惯，真正实现"学会——会学——乐学"的学习境界。这就是她的教育特色。

一个个真实的、鲜活的例子，一个个名师大家的风采，无一不给我启示。所谓的名师、大家，都是他们自己在工作中踏踏实实、一步一个脚印干出来的。他们持之以恒，有耐心、有毅力、有干劲、有方法。他们善于学习，有文化的积淀；他们善于动脑，有头脑的敏锐。他们也经过了许多的磕磕绊绊，在经过若干次的跌倒之后，终于顽强地站立起来。就像于漪老师在工作中帮助孩子们塑造热爱社会主义的"魂"，扎下以爱国主义为核心的民族精神的"根"，她也成为教育精神和教育理念的象征。

"胸中有书，眼中有人。"教育是理想的事业、真善美的事业，这种不懈的追求可以超越时空，终成一种境界。"人生最神圣的行为，就是我们每天在做着的事情。"对孩子们充满关爱，"以真诚点燃真诚，用智慧启迪智慧，以人格感召人格"，让他们在原有的基础上进步发展。追求没有止境，我要静下心来教书，潜下心来育人，努力做一位受孩子们爱戴、让人民满意的老师，在教育事业的道路上走得更远、更好。

2015年12月1日

珍惜每一次学习的机会

——去北京昌平流村中学参加研修有感

七月流火，流村则惹人流连。一次偶然的机会，我们知悉7月13、14两天在北京市昌平区流村中学召开导学案编写会议，这像一缕阳光撒进心田，我们萌生了前去学习的念头。我带着七位老师，12号坐高铁、乘地铁、换公交、打出租，一路辗转来到了千里之外的流村中学，看着高端大气的旖旎校园，老师们都感觉精神饱满。

我们此行的目的是"导学案的研修"，基于孩子层面如何编写导学案。因为导学案是让孩子们用的，要切合孩子们的实际，让孩子们既有兴趣又有提高。虽然教材不一样，但是课标不变。在这里，我们跟着名师一起学习，珍惜每一分每一秒，积极投入学习中，参与导学案的编写，自己俨然成了行家。

研修是思想与思想的碰撞，有意见就提，有看法不保留，摆出来放在桌面上，大家争得面红耳赤。你提你的建议，我提我的看法，真刀真枪地进行，不遮遮掩掩，不虚伪奉承。名师表达自己的观点也要受到质疑："你的目的是增负还是减负？是最优吗？能不能真的实现无家庭作业？如果孩子在课堂上就能解决问题，还有没有课后作业？"

活动结束我一直在思考，我们参加活动学到了什么？感悟到了什么？经过这样一次紧张的研修，我们有哪些收获？

首先，我感受到了名师、专家的风采，近距离感受到了名师的敬业精神。

我所在的数学组有曲建涛老师，他带领着组员认真修改内容，仔细研究教材，细心研读课标。我拷贝了他的九年级导学案，在仔细研读的过程中，我发现曲老师之所以成为名师、特级教师，是他长年累月不辞辛苦逐渐积累的结果，他把上好课、教育好孩子们定为自己的目标，全心全意热爱自己的工作、热爱自己的事业。他的导学案目标清晰，后边的思路和前边紧扣，有目标就有体现，着实动了一番心思。

其次，我感受到骨干教师进取和团结合作的精神。来校的骨干教师和流村中学的老师们，大家都在查找资料，查找问题，研究如何突破。一个人的成功可以带动大家，也可以引领大家，每个人都是这个集体的一员。大家凝心聚力，贡献智慧，修改题目，修改内容，修改版面，然后结集成册。看着自己的劳动成果，我们内心有一种自豪感！

第三，活动是真教研、真研修，不糊弄。一千多里路，不问行程，我们毅然决然前行，因为心中揣着一个梦想，那就是孩子的未来、国家和民族的未来。我们想在有限的岁月里，在和孩子们共同度过的时间里，让我们的生命有意义，让孩子们的生命大放异彩。

最后，我非常感谢会务组，特别是李宏村老师给我们提供了很大的帮助。使我们虽住得远但不必考虑行程，虽条件差但不必考虑餐饮，这样我们在研修时才能全心全意地投入。投入自己的真心，换来大家的认可，足矣！

每一次外出都有收获，不管是思想还是行动都会受到冲击。我们真的需要走出去看看外面的世界，看看外面的精彩，闭门造车限制了我们的视野。视野越小，气度越小，发展越受限制。

尽管七月流火，但我们依然热情洋溢。我们热情如火，我们需要改变自己，更需要拔节生长。

2016年7月16日

走进即墨二十八中

昨天我们来到即墨，参加即墨二十八中初中教学质量新思路、新突破经验交流现场会。即墨是一个小的县城，经济发展得很快，教育发展得很好，二十八中的教育改革全国闻名。他们的改革是从下而上，从草根开始发展，叫"五部十环节"。今天我们就走进二十八中，触摸他们改革的脉搏。

我们早上7点半看孩子们升旗，天气有点冷，孩子们穿着统一的服装，有护旗手，也有乐队。升国旗，乐队奏乐，孩子们自己主持、自己组织。然后邀请居民委员会的人为老师颁奖，家长给自己的孩子颁奖，气氛热烈，大家很受鼓舞。

上午听了一节课，是江朝霞老师的复习课《二次函数的应用》，"五部十环节"体现得很明显，孩子们学习的积极性非常高，大家很投入。师傅细心讲解，学友认真努力学习，整体效果非常好。江老师的点拨很重要、很及时，主要的话语以表扬为主："你们师友表现非常好"，极大地调动了孩子们学习的积极性，使他们全身心地投入学习中去，为了一个问题争论、探索，直到学会。

我们在报告厅听李志刚校长做报告时，始终满面笑容的李校长侃侃而谈，没有稿件，不看课件，很多东西都是发自内心的经验总结。他诙谐幽默，欢声笑语中把自己的理念诠释到位。他是一个有情怀的人，坚持学雷锋，学校里有雷锋塑像，孩子们周一升旗仪式后会给塑像系红领巾。学雷锋

小组天天在做好事，敬老院、五保户都是他们服务的对象。孩子们有这样助人为乐的精神实在是难能可贵，李校长的思想很超前。

生活在这里的老师非常有尊严，"山东好人"何卫平老师的事迹就是寻常百姓的故事。何卫平是二十八中的一位老师，长年照顾植物人妻子，自己宁愿过得苦一点、累一点也要让妻子活下来，让这个家不散，让女儿有妈妈。当我看到植物人妻子醒过来拿着毛巾给丈夫擦汗的那一刻，泪流满面，我相信所有人都被感动了！李校长的鼓励和支持在何老师的生活中起了很大的作用，正是有了他们的支持和帮助，何老师才充满希望、充满信心地走下去。姜岩老师本身残疾，但生活的磨难没有压倒她，她坚定地走着，坚信一切可以好起来，阳光地面对生活、面对一切。李校长组织"感动二八校园人物"评选，让他们的事迹发扬光大，感动孩子们，感动老师，感动周围的人。

下午，语文老师声情并茂地上了一节《安塞腰鼓》，点拨非常到位。周老师在报告中提出，提供一节好课和提供一节好课堂不一样。其实，学校是老师和孩子们的学校，课堂是孩子们的课堂，把课堂还给孩子们，让孩子们发展，让孩子们学有所成，是我们最大的心愿。

第二天下午，我们观看孩子们的演出。我仔细观察，发现所有的孩子都是微笑着面对观众，即使有两个孩子失误了，但是他们也一样面带微笑。一个孩子脚下一滑，另一个孩子手中的手绢丢了，但是他们仍然继续表演，没有沮丧，没有懊悔，赢得了热烈的掌声。器乐演奏、舞蹈、唱歌，每一项表演都凝聚着孩子们的心血，他们认真表演，尽心尽力，即使错了也不慌。每个孩子下台时，他们的团委书记都是竖起两个大拇指为他们点赞。孩子们勇敢地参与，勇敢地展现自己，在素质教育下茁壮成长。

课上，孩子们生龙活虎，纷纷动脑、动手，自己主动学习，每每考试他们都是赢家；课下，他们更是精彩纷呈，纷纷展现自己的风采，唱歌、跳舞、器乐演奏、朗诵诗歌，或者走进孤寡老人家帮助老人，或者走进敬老院，或者走向献血车宣传献血的好处。

周娟是即墨二十八中的德育副校长，现在分管一个年级。每次活动他们都把雷锋的塑像请去，以雷锋精神作为学校的校魂，从1971年建校到现在，一直这样。新的时代，他们赋予了雷锋精神新的内容。

一周七天，每天一个主题，每天一个任务，每天一个收获，每天一个进步，把抽象的政治说教变成具体可行的日常行为。让孩子们每天写身边的感动，每天写一个令自己感动的故事，老师选择好的登在板报上，这样的活动激发了孩子们强烈的责任心和使命感。老师让孩子们回家给父母洗脚，将图片发在微信上，感恩父母，进一步感恩社会，将学雷锋转化到课堂，才产生了和谐互助"五部十环节"的课堂教学。

和谐德育的创新活动，可谓独具匠心。由于孩子很多，放学时孩子们争先恐后，校园一片混乱。周校长连续五天在校门口做记录，通过数据表明，孩子们变成路队不多用时间，还比较整齐。大课间，孩子们跑操也是整齐划一。每到孩子们毕业，学校举行毕业典礼，铺上红地毯，让孩子们感恩老师、感恩同学、感恩母校、感恩社会。

几乎所有人都认为德育工作枯燥无味，不好操作。但周娟校长很用心，所有的工作都基于孩子们的需要，很受孩子们欢迎。工作确实需要有心人！

走进即墨二十八中，我们参观了各种展示，聆听了不同学科的课堂，内心受到很大的震动。

我佩服他们的探索精神。当年时红霞老师让孩子们自己学习，家长反映到学校，李校长没有批评时老师，而是走进课堂听课，了解老师的情况。因为当时时老师生病，嗓子疼得说不了话，所以只能看着孩子们学习。李校长没有制止时老师，而是说："过一段时间看，效果好就继续，不好就停下。"没想到效果还真的很好。就这样，好多老师自发地向时老师请教，"五部十环节"基本成型。

我佩服他们的恒心。学校几十年一直把雷锋精神当作校魂，一直坚持学雷锋，孩子们的精神面貌、精神状态非常好，一直自信满满，不管学习还是各种活动。我相信，这样的孩子走向社会也是非常自信的。

我佩服他们的干劲。多年来，他们敢于实践、敢于探索，在所有学科中实现了和谐互助"五部十环节"教学模式的应用，并进一步探索、进一步实践。有一大批老师成长起来，应邀到全国各地上公开课，师资队伍逐渐壮大。

做个教育的有心人，发现适合孩子们切实可行的教育方法，适时引导孩子们走上一条幸福的人生路，这才是教育的本真。

艺术节文艺汇演

表彰上周的优秀教师

表彰上周的优秀学生

表彰上周的优秀集体

2016年4月12日

刘同军老师

刘同军老师，淄博市十八中教师，山东省第二届齐鲁名师工程人选，全国优秀教师，山东省特级教师。今天在莱芜市陈毅中学，我们观摩了他的一节公开课——六年级数学第七章《整式的运算》综合课。

这是一节复习课，刘老师从图形入手，将整式乘法的有关公式用几何画板呈现出来。孩子们学得津津有味、轻松快乐，老师们听得精力集中、耳目一新。

本章的复习刘老师计划用三节课完成，这是第一节，目标是构建知识框架，多角度理解重要公式，基本思路是借助几何直观理解乘法公式，通过知识简单应用引出知识框架。

刘老师的上课方式引人入胜。他让孩子们画出一个矩形，将长和宽分别增加一定长度，再求面积。这样的问题孩子们都愿意做，所以很快就有了结果，并且有了不同的画法。在对图形的研究中，代数公式很容易就找了出来，整节课就在数形结合的过程中轻松愉快地度过了。在推导平方差公式时，孩子们画图表示时出现了一些问题，那就是（a+b）和（a-b）这两条边怎样用图形表示出来。在启发孩子们后，刘老师帮助孩子们完美地表示了出来。孩子们抢着回答问题，尽管表述得不尽完美，但是孩子们喜欢参与、喜欢思考，效果也就达到了。

这节课非常实在、非常真实。刘老师强调，在复习时不要贪多，多了往往不好消化。少研究一些，哪怕只是一个问题，只要研究透，找到切入点，就能抓住问题的本质。

　　刘老师对几何画板应用得非常娴熟，每一种图形在他的几何画板上都变得非常完美、非常有个性，所有的图形都好像听话起来，有规律地变化着。很多我们教过的内容，比如平面图形的密铺，我在上课的时候也就是让孩子们看一下图形，至于图形怎么来的，我们没有去探究，不是不探究，而是直接没有想到。在他的手中，那一道道习题好像是一幅幅曼妙动人的图画，是人间最美的呈现，紧紧吸引着孩子们的目光。

　　刘老师实实在在做研究，他带领着自己的团队，在几何画板的研究方面遥遥领先，值得我们好好学习！

2012年5月16日

田老师

　　田老师是一位温文尔雅的人，年近五十，教书育人二十几年，是学校的骨干力量，每年都是班主任，教过很多孩子。

　　他小时候得过小儿麻痹症，一条腿走路不方便。每天早上天不亮，他就开着电动三轮车早早地赶到学校，在教室里看着孩子们学习。无论哪个孩子有什么问题，他都是第一时间知道，尽管自己也不方便，但他还是第一时间帮助孩子们。

　　下雪了，路上很滑，他开着电动三轮车送生病的孩子回家。这样的例子太多，几乎每年都有，在田老师那里已成常态。

　　他的管理循循善诱、和风细雨，即使孩子们惹他生气，他也沉得住气，慢慢做工作。他和孩子们讲道理，说明利弊，很少请家长到校，他认为有时请家长会适得其反。

　　前几天大课间跑操时，一个女孩不慎跌倒，摔碎了眼镜，镜片划破了额头，鲜血直流。他第一时间开着三轮车带着那个孩子赶到附近的医院，并及时通知家长。家长赶到后非常感动，一直感谢田老师。

　　其实，班主任就像家长一样，上课的同时管理着好几十个孩子，孩子们的安危、身体健康都在班主任的心头，一旦有什么事情，冲在前面的都是班主任。

　　田老师有恒心，默默耕耘，为孩子们倾注一腔热血。他用自己的方法引导孩子们学习语文，教育孩子们不张扬、踏实，让人喜欢，慢慢地成绩斐然。有几个孩子坚持写文章，其中有一个孩子已经写了好几万字的小说。

田老师有修养、有涵养、有文化素养，他的文章写出了一线教师的心境，很多欢乐、感慨直击人心，也写出了自己的善良和对人生的感悟。

2016年1月25日

中小学校长论坛有感

我3月30号去口镇中学参加莱芜市中小学校长论坛，论坛由张勇局长主持，我聆听了张伟校长和董春玲校长的报告，听后受益颇深。

张伟校长的报告中有一点我很欣赏。在一潭死水的地方生活，我们很容易产生职业倦怠，也很容易患上心理强迫症。但是他就能在这种环境下让老师们找到一种归属感、一种成就感，找到自己的快乐，找到自己为之奋斗的动力。是张校长有那么大的魅力吗？不是的，是张校长善于发现问题，善于走近老师，倾心解决问题，将老师当作自己的知己，将心比心，管理得比较人性化。

我欣赏学者型校长，管理学校有一套自己的方法，有自己的理念。比如李希贵校长，随着角色的转换，他一直坚持读书、思考、改革，将自己的教育理想付诸实施，在汗水中收获理想。我没有听过他的报告，但是我看过他的书《为了自由呼吸的教育》，一个个鲜活的小故事在他的娓娓道来中蕴含着哲理，蕴含着他的匠心独运。我明白，教育就是由一个个小小的故事构成，就是老师和孩子们相互搀扶着共同走完一段段路程。

董春玲校长是一位年轻有为的女校长，她在贫瘠的地方创造教育的风景，带领团队奋力打拼，使贫穷落后的丈八丘小学成为全省的名校。董校长目标远大，有很强的凝聚力，善于团结老师，善于与名校交流，为老师创造接触名校的机会，为年轻老师的成长搭建平台，使年轻老师快速成长。

他们把老师看成宝，看成学校发展的动力。俗话说："士为知己者死。"

只有欣赏老师，才能得到老师的拥护。只有将心比心，用宽容、大度接纳老师，才会受到老师的欢迎。

注：

张　勇，原莱芜市教育局副局长。

董春玲，原莱芜市钢城区丈八丘小学校长，现已调往外地。

张　伟，原莱芜市莱城区口镇中学校长，现已调入青岛市。

2012年7月17日

感谢您，苏老师

1985年7月16日，我走上了教师的工作岗位，在老家的一所中学教数学，我遇到了学校里的一个长者——苏老师。

他是校长，教数学。我报到后，学校里面缺数学老师，就安排我教毕业班数学。

我和苏老师一人一个毕业班，工作上的交流很少，生活中的交流却很多。我们一个伙食单位，有一个民办老师专门负责买菜、炒菜，我们到点就吃饭，什么也不用操心。吃饭的时候就和苏老师在一起，听老教师们谈东谈西，有时谈人生，我有好多东西都是跟他们学的。

吃完饭后，稍事休息，我们就在校园里打排球。这是我的强项，我在学校是排球队员之一，走到操场就很激动，打起球来就忘了一切。每天晚饭后、活动课，我都是最积极的一个。苏老师也积极组织，有时就开一局，看哪组能赢，这大大调动了我们的争胜心和积极性。

苏老师安排我做团支部书记，我就可着劲地干，出板报、组织孩子们活动、清明节扫墓，无论有什么活动安排，我都全心全意地做。这期间，我和孩子们的关系很好，与同事间的关系也很融洽。

关于教学，那时候大家都比较保守，知识传授、学习方法、教学方法从来不交流，各自凭着自己的所学在教学。第一年期末考试前，我定的《数学通讯》杂志封底登了部分圆的知识，我拿给孩子们讲。大概有十个选择题，结果考了六个，孩子们的高兴劲可想而知。此后连续三年苏老师都让我带毕业班，刚毕业就受到这样的鼓励，我的心里还是很激动的，非常感激在事业刚起步时遇到这样一位温和可敬的长者。

我感激苏老师的引领，虽然他语言表达不多，但是他用实际行动给我开了一个好头，给我的工作之路做好了铺垫。我很感激他，由于他的引领，我走上了一条幸福的人生路。我有自己的目标，有为目标付出的努力，在教育路上默默耕耘着，体会着梦想的幸福。也许我能实现自己的理想，也许我离目标还有差距，但是我为之努力、为之奋斗，我无悔！

2016年7月22日

平凡的小勇

小勇是我的同事，从其他学校调到我们这里十几年。说起来，我们是老同事了。

她热爱孩子，热爱自己的工作。每天天不亮就第一个到校，不管刮风下雨，十几年来天天如此。在学校，她每天微笑着迎接孩子们。她是班主任，很多时候更像一个母亲，每天满怀喜悦地看着自己的孩子。

孩子们都很喜欢她，有什么事情也愿意跟她说。我发现好多孩子和她说话时都是带着撒娇的神情："老师，我能不能请个假？明天不来了。""请假？你有什么事情吗？"如果是孩子们必须去的，她一定准假；如果不需要孩子们去，她也不会准假。"老师，我没带钱，今天没钱买饭。"孩子还没说完，她马上掏钱递给孩子，孩子满心欢喜地走了。这样的事情数不胜数。

她的班里每天都干干净净的，孩子们每天先打扫卫生，将走廊的墙壁擦得一尘不染，天天如此，月月如此，年年如此。

班里的孩子正处在青春期，经常出些小状况，但经过小勇的处理，家长满意、孩子满意、学校也满意。有一位家长经常给学校提建议，她主动表扬了小勇："这个班主任很好，有什么问题及时和我们联系，从不看不起我们的孩子，即使我们孩子学习不好老师也非常关心，这里的老师真不错。"之所以这样，是因为小勇处理问题公平，没有偏袒孩子，所以大家才会信服。

她团结同事，热心助人。每天早上，她到校后先烧好开水，给办公室里的每个人都倒好水。她到教室收起前一天的晚作业，在教室里批阅，也看着孩子们读书。我到校时，她已经将两个班的数学作业批改完。孩子们出现的问题她都仔细归类，然后向学校通报什么问题出错最多，个别的问题是什么。我看着她认真的神情，心底升起一种由衷的敬佩。她布置的作业都经过认真批阅，有布置有检查，抓好过程管理。

我们五人教一个年级的数学，一起备课，一起商量问题。例如，小勇经常主动打招呼："姐，我们要准备下一章，我备课吧！"或者当我们准备单元测验时，她就说："要不我们周五做单元测验吧？"所有繁杂的事情在她那里都不是问题，工作上吃苦受累冲在前，让同事不好意思懒惰，相互合作，相互借鉴，相互取长补短。

生活上也是这样，如果谁缺少了什么、需要什么，只要说出来，她能帮忙的一定帮忙。

这都是小事，但将小事做到极致就是不平凡，坚持下去也是不平凡。小勇，真的不平凡！

2016年1月23日

我可爱的同事

——学校管理中的小事

我工作已经二十几年了，遇到的同事很多，他们中不乏才华横溢的才子、工作成绩突出的骨干、省市区级教学能手、优质课获得者、省市区级优秀教师，有那么多各方面突出的同事，我自己也觉得很光荣。

在学校工作中，班主任工作是非常重要的，一个个班主任就像一个个小校长。如果班主任工作做得不好，学校管理也会出现很大的问题。针对类似问题，我认为学校负责人的工作要讲究方法，和老师的交流应该是以心换心，换位思考。

今年，我接手七年级三班。之所以教这个班，原因有二：一是这个班的各项工作都很差，团委测评全校倒数第一；二是这个班的数学成绩很差，在全办事处倒数第一。

我在课堂上对孩子们要求很严格，但是班主任却是另一种要求。班主任只求学习好，其他都不要求。我认为，活动不积极主动参加的班级，学习成绩很难提高，这些都是相辅相成的。我征求班主任意见换的座位，没几天班主任又都调开，将学困生换到角落里，课堂气氛更差。几个成绩差的孩子直接就不学习，成绩直线下滑。我将这一情况告知了级部主任，让级部主任协助做好班级工作。班主任知道后有意见，在一个深夜用短信的形式和我聊了起来。

"校长，这么晚了给你发信息打扰你了。这几天总是想跟你单独聊聊，但是又张不开口。自从你到三班后对我很是照顾，我也觉得你来这个班对我来说是个提高的机会。但是有时候你当着别人的面说三班班风不好或是习惯不好、不上进之类的话，那会让我感到颜面无存。我是个很要面子的人，但也是个粗人。"

正好她主动找我，我就将一些问题抛给她："你不觉得孩子们确实有问题吗？先说卫生，班内地面什么时候整洁过？作为班主任，你应该首先看到。其次说学习，级部前二十名你们班一个也没有。我也知道孩子们基础差，但是一般分班时学生水平都比较接近，不会有太大的变化。因为孩子们整体缺乏一种上进心、一种积极求知的态度，一遇到难题马上绕道。这种现状要想改变，不改变自己的想法是不行的。"

"你这么说我觉得无地自容了。你说的这些我也注意过，前二十名没有，我也很着急，我也很努力去做孩子们的工作，但是……如果这学期再不见好转的话，这个班主任我主动请辞。"

班级工作不仅是孩子们学习好，如果没有端正的学习态度，其他活动都不参加，对孩子们本身的成长也不利，何况他们正处在世界观形成的初始阶段。我们的教学不仅仅只是眼前，更要着眼于孩子们的未来，孩子们的人生之路才刚刚开始。

班主任的苦恼在于，自己确实下了功夫，也做了孩子们的工作，但成绩不突出，没有受到表扬，心里不痛快，觉得委屈。这位班主任是一位比较年轻的女老师，有上进心，但是苦于没有经验、没有方法，工作不知从何处入手。于是我又回信息："你那么年轻，又很有上进心，我觉得你干好班主任是很容易的。工作还是事在人为，找到问题的症结着手解决，没有大不了的事，不要消极逃避。正确面对，哪里有问题就从哪里开始。"

过后，本着对她负责的态度，我又找到她给予一番鼓励："对工作不能消极逃避，这不是解决问题的方法。现在这个班各方面都有好转，这学期各项活动要勇争上游，目标要定得更高，比如运动会、黑板报比赛、艺术节等。孩子们有这种积极性，只是缺乏你的鼓励，你要鼓励他们奋勇争先。如果确实得不了第一，鼓励他们下次争第一。争第一不是最终目的，关键要有向上的决心和勇气，有不怕困难的信心。"

"逃避不是解决问题的方法，消极更不是对待工作的态度，你应该正视

这个问题，在哪里跌倒就从哪里爬起来。上学期成绩不好，这个学期只要我们有进步，学校领导都会看在眼里，也说明你有这种干劲，是有能力的，那样多好。正好我也教这个班，咱们一起努力、一起加油，好吗？"

"行，你多给我鼓励，其实孩子们的工作我做得很多，也经常和孩子们谈心。"这一点她确实做得不错，发现问题及时解决，就是对孩子们的要求太松，很粗放地管理孩子们。于是我又接着说："你今天布置一个什么任务，定好时间、地点，明天准时检查。不要只布置不检查，以身作则，说到做到，时间久了就好了。比如明天早上要检查卫生，要求干干净净，你要说到做到，明天进教室就先检查卫生。"

我反思自己的工作，我的做法也不合适，应该先找到她谈谈，告诉她如何做，而不应先找级部主任再反馈给她。

工作确实要动一番脑筋，要想干好班主任也确实需要学习、需要提高。当她主动找到我跟我交谈时，我发现这位老师是那么可爱、那么要求上进。尽管经验不足，方法也可能不合适，但是她因为工作问题主动要求上进，让我很感动。所以我在想，我们要携手做好班级工作，做好孩子们的工作，让这个班走在级部前列，应该不是困难的事。我给她的成长创造一定的条件，希望她能成为一位优秀的班主任。

2011年12月12日

听课的震撼

今天上午，我们听了两节课。第一节是小学六年级数学《圆的周长》，这是一节展示课，课前孩子们已经进行了充分的预习。关于怎样找到圆的周长的公式，孩子们的思路大致是先测量圆的周长，然后看一下圆的周长与谁有关，有什么关系，进而求出圆的周长的公式。

第一小组测量了圆的周长，对圆的周长有了一个直观的了解。孩子们用绕线法和滚动法测量圆的周长，并进行了演示，将曲线转化成直线，这只是对圆的周长的初步了解。

第二小组展示了圆的周长与什么有关。他们发现圆的周长与直径有关，直径（半径）越大，圆的周长就越大。并用不同的圆进行了演示，可见思维层面又进了一步。

第三小组探讨了圆的周长是直径的多少倍。他们发现圆的周长大于直径的两倍，且小于直径的四倍。因为两点之间直线最短，可以知道半圆大于直径，所以圆的周长大于直径的两倍。孩子们做出圆的外切正方形，又发现圆的周长小于直径的四倍，即 $2c<d<4c$。在圆内再画出一个正六边形，得出 $3d<c$。可见，孩子们的思维在逐次递进，越来越接近问题的实质。

第四小组的一个男孩在圆内画了正方形、正八边形、正十六边形、正三十二边形、正六十四边形、正一百二十八边形，然后测量每一小段的弧长，再乘以分得的份数。并且孩子的思路非常清晰，他认为无论画几边形，周长都不如圆的周长大，只是一个比较接近的值，永远不会和真正的值相等，这时就

暗含了极限的思想。我觉得那个孩子真了不起，思维已经非常深刻了。其他同学的提问也没有难住他，回答起来井井有条。他告诉大家："我可以在圆内画边数非常多的正多边形，将圆周等分成很多小弧，每一条越来越接近线段，但永远不会等于一条线段的长。这些线段的和只会越来越接近弧长，但是不会等于弧长。"用逼近法求圆的周长，孩子们真的了不起！

另外，孩子们知道周长变大，直径也变大，但圆周长与直径的比值不变，是一个固定的值，并且计算出了这个比值——圆周率，c/d=3.14。

在教学过程中，我们的掌声几乎没有断过，大家真正感受到理想课堂是孩子们智慧提升、师生情感共鸣的地方，体现了孩子们发现的愉悦。

只要走出去看一下、感受一下，就会有不一样的体验，就会有收获，就会有震撼。

2014年11月9日

也说数学备课

朋友的孩子今年上九年级，上学期期末考试数学61分，物理54分，化学不错，67分，其他成绩都很好，级部排名140，成绩总体不错。我让孩子过来，帮她分析一下情况。

我让她把试卷又做了一次，发现这孩子课本知识掌握得还不错，但应用不熟练，经常出错，计算也有问题。

比如解一元二次方程时，她只会用配方法，不用公式法，因式分解直接不会。解题方法单一，思维不灵活，应该会的也做不对。比如解方程"$x^2+5x+4=0$"，她用配方法去解，但若用因式分解则更简单。又如解方程"$(x-3)(x+1)=x-3$"，她不懂怎么解，看不出用提公因式法就能很好地解决，整体思想也不会。再如"$(x^2+y^2)2-(x^2+y^2)-12=0$，求$x^2+y^2$的值"，若把$(x^2+y^2)$看作一个整体，用换元法也很容易解。

还有在解"已知 $x=\frac{1}{2}(\sqrt{7}-\sqrt{5})$，$y=\frac{1}{2}(\sqrt{7}+\sqrt{5})$，求$x^2-xy+y^2$的值"时，她无从下手，直接将值代入求解，导致做题过程中出错。

还有"$\sqrt{5}$的整数部分为a，小数部分为b"，她不知道怎么做，思维僵化，不灵活。

我试着在讲题时问她课堂上老师是不是没讲，她说是的。

所以，我经常在开会时指导老师要怎么备课。除去常规备课以外，还要在课本知识以外挖掘，和本节课有关的知识都要联系起来。所以，我觉得备课要

这样做。

　　首先，要将基础知识讲透彻，让孩子们明确所学知识是什么、概念的内涵和外延是什么、在什么条件下使用、满足什么条件能用、应用时注意什么。因为考试时题目经常会设置陷阱，结合基础知识稍微往前一点，或者偏左一点，或者向后一点，就让某些孩子晕头转向，不知所措。考试题目就是课本知识，但又不是直接考这些题目，而是一些变式。所以，孩子们要学会一题多解、一题多变、多题一解，以不变应万变。

　　其次，要将知识拓展开去。就像一棵知识树，大的树枝上长出小的树枝，又有更小的树枝、树叶。什么样的问题用哪个知识来解，找到一个思路就可能延伸出一大串内容。要明白在这一知识下有哪类问题，将问题挖掘一下可能有哪些规律性的内容，这个时候就需要看书、查资料。如果我们在实际教学中偷懒，不去拓展，孩子们在做题时就会很盲目，不知如何下手。其实我做得也不好，以后我会试着改变自己，去适应孩子们，让孩子们学会应该会的知识。

　　很多知识不用要求，我相信老师们都会认真研究，只是在备课时可能缺乏一些细心，也缺乏一些认真。

2015年8月22日

做一个真正的教育工作者

昨天听了马所长的报告，我心里有很大感触。马所长的报告理论联系实际，让人觉得很亲切。他重点讲校本研究，枯燥的内容被他一讲，感觉很亲切，趣味浓厚。其实这些内容就在我们身边，就是我们平时正在做的，只是我们没有意识到。

比如，为什么产生职业倦怠？他认为，单调使人厌倦，机械而没有激情，如果把工作看成单调的重复、机械地重复，我们的工作干着干着就没有了新鲜感，没有了上进的动力。就像一滴水，随着时间的推移，只会越来越小。自己越来越弱，就不能得到社会的认可。要想克服职业倦怠，就要进行研究。研究能使人深刻，变得有内涵，充满自信。

关于教学，他的讲解使我意识到，马所长是一位真正的职业教育人。他要我们不仅关注教学，更要关注教育，即人的发展，否则就不是真正的教育工作者。没有教育的教学是干涩的，因为生命需要润泽。潜意识里有人的存在，教学才能变得丰满，才能变得有意义。教学需要技巧，教育需要智慧。因为教学关注的知识是静态的，教育关注的人是动态的、复杂的、变化的、反复的、能动的，具有很强的不确定性。

关于孩子，他提倡一定要关注孩子的健康，特别是身体和心理的健康。家长把孩子送到学校，没有好成绩可以有个好品质、好习惯、好心理，至少有个好身体。不能在追求成绩的同时把心理和身体都忽略掉，牺牲身心健康换来好成绩不要也罢。还有，孩子们最讨厌的是老师拖堂。现在我们有好多老师拖

151

堂，其至拖到下一节课的老师来上课。这种情况不好，挫伤了孩子们的积极性，没有明显效果。

我们的晚作业也出现了很多问题。一个周末两天的时间，孩子们仅试卷就发了十几张。关于这一点，我观察过多次，孩子们周末的作业尤其差，课堂上会的知识课下写得也不认真，对的很少。孩子们因为作业多，也一直在应付。

关于师生关系，这一点是大家一直关注的。很多老师认为，孩子们是班主任在管理，自己只管上好课就行，其他都是班主任的工作。但事实并不是这样，老师们都有责任、有义务教育好孩子，不能只顾着教知识，而应该教育孩子。好的师生关系是教育教学质量的基础，孩子们只有亲其师才会信其道。就像我在会上强调过的，我们不仅传授知识，更要关注孩子们的心灵。

老师和孩子闹了别扭，不要找班主任。这一点让我感动，前几天开质量分析会时我就说过同样的话。看来我的分析是有道理的，很早之前我就意识到了这一点。实际上，自己的问题自己解决，不要将问题扩大，不要将矛盾激化，解铃还须系铃人。师生关系的主导方在老师，老师必须主动承担起推动和改善良好师生关系的责任。

养成反思的习惯。这是一种梳理，是对自己的教学行为系统化审视，能够更加清醒地认识自己教学行为的成功与不足之处，从而进一步理清自己教学行为的方向，养成反思的好习惯。关于审视自己，这一点我还是做得不错的。我一直在反思教学上出现了什么问题、应该怎么改正、今后还需要怎么努力、如何才能达到目标、是什么因素阻碍了前进的步伐，等等。

在一些看似很小的事情上，我认真对待，形成好的习惯，认真对待教师这个职业。就像于漪老师说的，一头挑着民族的希望，一头挑着祖国的未来，我们要做好这个桥梁，让下一代孩子都成为有用的人。从上好一堂课做起，做一个真正的教育工作者！

2016年3月13日

记一位班主任的蜕变

去年六年级新生入校时，对于班主任的人选，学校确实费了一番心思。经过反复考虑，我想到了胥老师。之所以选她做班主任，有两方面考虑：一是她工作认真，能做，也会做；二是她的孩子正好上六年级，带着孩子一起上学也是不错的。

六年级的班主任工作非常忙，孩子们刚入校，要选班委、抓纪律、抓习惯养成，要给孩子们建档案，她都干得很好。后来我想，既然做班主任，就要让她找到自己的成就感，要挖掘她的潜力，让她管理出一个好班级、一群好孩子，成长为一个优秀的班主任。我充分信任她，给她一定的空间，并相信她能干好。

磕绊总是有的。比如课间操她老是不去，孩子们去了多少人她不知道，孩子们跑操什么情况她也不能掌握。关键是，班主任姑息了一次，孩子们可能会有第二次，在这件事情上迁就了一次，孩子们可能在其他事情上也效仿，久而久之不利于工作的开展。我多次强调，班主任一定跟操，没有特殊情况尽量去。她好像很忙，不太理解我的用意。在一次午后，我们有了这样的对话："现在你管理的班级非常好，孩子们纪律、习惯都很好，但在好多事情上也不能放松，比如习惯养成。孩子们有了一个好习惯，以后不管做什么，他们都会有一个方向、一个目标，知道自己应该怎么做，不需要我们天天盯着。既然把工作做好，孩子们也有出息，对孩子以后的发展也好。"

这样的谈话我们两个几乎天天有："你看，班内气氛很好，孩子们都知道好好表现，一个个眼睛炯炯有神，认真听讲，有问题及时问，发现错误毫不犹豫，即使是老师有问题他们也能毫不留情地指出来。"

第一次期中考试，她的班几乎全科第一，并以较高的优势取得了绝对领先。我发现，她去班里的次数越来越多，找孩子谈话也越来越多，工作越来越主动、越来越有成效。班里有什么问题，或是哪个孩子有问题，她都及时用适当的方式沟通、交流。比如，小天是我们谈得最多的一个孩子，她父母离异，性格内向。我们一起给孩子家长做工作，让她去见妈妈。于是，穿戴整齐、干净整洁的小天每天带着笑容来上学。

后来，所有的考试她的班都是绝对第一，她的工作越来越有信心，各项活动成绩也很好。

班主任最累，每天到校最早的是他们，最晚回家的也是他们。孩子们哭了，擦去泪水的是他们；孩子们跌倒了，扶起来的也是他们。他们真的和孩子们团结在一起，陪着孩子们一同成长。

我们也有这样的对话："咱干的就是这个工作，好好干是一年，不好好干也是一年，咱为什么不好好干呢？和孩子们一起，其实我们也在成长。我希望当孩子们毕业时，咱们能成就孩子，同时也能成就自己。孩子们成长了，我们高兴；孩子们有成绩了，我们为他们鼓掌。当他们毕业时，我希望你们都是优秀的班主任、优秀的任课老师。"

今年，胥老师被评为市级"班主任工作先进个人"。市里评选"最美教师"，我们单位通过投票，推选她参加市级评选。

成长需要一定的时间、一定的环境和空间，有时也需要外力的刺激、善意的提醒和督促。当然，成长更需要内心足够的认识。

2014年1月7日

前进中的九年级

今年的九年级压力巨大！

二胎放开后，正值生育年龄的女老师或在备孕，或已怀孕，男老师本来就少，所以毕业班的班主任人选就成了一个大问题。

实行走班制后，无形中给老师和孩子增加了很大的压力。备课形式要变，课堂教学也要与时俱进，种种的不适应，种种无形的压力，使我身心疲惫。

语文老师的人选一直令我们学校头疼不已，多次商讨的结果都不太如意。最后，校长一锤定音，就用刚工作两年的两位女老师和刚招聘来的两位女老师。四个女老师一起备课、一起商讨，所有的备课都在平时的工作中进行，所有有争议的问题都在这样的不经意中解决了。韩老师和刘老师刚参加工作，早上晨读从不迟到；栾老师有一个还在吃奶的孩子，早上晨读也是抛下孩子按时到校；王老师刚工作就教毕业班语文，开课之前她先跑到三个语文老师的班里听课，然后才开始上课。

班主任的行为一直激励着我。早上六点二十，当许多人还在睡梦中时，班主任早早地来到学校，进入班级观察孩子们：今天到校什么情况，谁没来、谁来得很晚。每天课间办公室里都有孩子们的身影，这段时间谁进步较快、谁有些退步，班主任都及时和孩子交流，让孩子们了解自己。班主任都是有心人，唯恐自己班的成绩下滑。安主任、邹老师、许老师甚至利用孩子们看演出的时间，逐一和孩子们交谈，让孩子们充满自信，让他们有能力稳稳地进入下一阶段的学习。张老师外出学习，心里仍记挂着孩子们，每天和孩子们短信交流，

及时掌握第一手资料；吕老师已经形成自己的风格，在班级管理中有自己的特色。三位年轻的班主任正在成长中，有自己的工作方法，很有干劲。

孩子们跑操时，体育老师和班主任全部到场，指导全体孩子跑操，谁来了、谁没来做到心中有数，及时开展工作。体育课李老师很快就要退休，他一直工作在第一线，兢兢业业，没有怨言，从不攀比。两个年轻的体育老师也积极地工作着。

走进九年级的办公室，充满了激情，充满了智慧，积极的氛围扑面而来。每位老师的劲头都很足，他们研究教材、研究教法，处处充满了正能量。这里听不到家长里短的声音，也听不到工作以外的杂音。

在期待和不安中，我们迎来了第一次月考，这令我有些激动。我既希望他们的成绩好，也希望他们在这样的氛围中奋力成长；既希望看到孩子们的成长，也希望看到老师们在这样的氛围中成长。牺牲自己，照亮别人，那是不明智的，为什么我们不能既让孩子们成长又让自己成长呢？

本着这样的目的，担任着这样的工作，我心里也打怵：我能胜任吗？细想，既然我已经和他们一起走过了三年，为什么不能再用一年的时间把他们送到高一级的学校呢？

我很放心，我们有这样的团队，有这样给力的同事们，何愁明年的中考呢？

九年级在前进，孩子们在前进，老师们在前进，我希望我们的学校一起前进！

我的心中充满希望！

2016年10月1日

抓住教育的契机

今天学校举办2015年秋季运动会。

孩子们的兴奋溢于言表，各班的班干部跑前跑后，最大限度地为同学们服务。只要运动员有什么需求，他们基本都是有求必应。在孩子们心中，不仅是为了成绩，更是为了参加这一活动，在于参加这一活动时所获得的快乐。

我在跳高处当裁判员。八年级女子跳高，七班有两个运动员，是锦铭和敬睿。比赛进行到一半时，她们两个的名次已经分出来了，一个第一名，一个第二名。当时，我身边的文博同学高兴地跳起来，一下紧紧地抱住我，告诉我她心中的感受："老师，我太高兴了，我班一个第一、一个第二，太好了！""是呀，你们这就是12分，太厉害了！""就是，太好了！"说完围着我转起了圈。七班历来运动会成绩不好，八个班中排在第五或第六，所以班里出现第一名和第二名让孩子们高兴得忘乎所以，让孩子们觉得自己的班级很棒，同学们也很棒！

中午吃饭时，我告诉班主任要抓住这一机会，通过活动促工作、抓纪律，促进优良学风、班风的建设。

班主任在活动中起着至关重要的作用，在各方面引导孩子们进行自我教育。比如观看比赛时要做文明观众，及时给同学们加油、呐喊；写出鼓励同学的稿子；没有事情不得随意离开班级，要形成集体荣誉感；地面要保持干净；同学们要互相帮助、互相鼓励，形成团结的集体。

　　另外，八个班之间要形成良好的竞争氛围，友谊第一，比赛第二。借助这样的活动，既要让孩子们有竞争意识，也要有团结意识。当然，延伸到学习中也是一样的。

2015年10月15日

简单快乐的一年

今天是2015的最后一天，太阳高照，天格外暖，孩子们在室外进行"2015年文化艺术节"文艺汇演。

2015年，日子是快乐简单的，简单的无以复加。我每天按时到校上课，几乎每天都是一节课。回到办公桌前，我和同事们一起备课，准备好下节课的内容。然后步入书的殿堂，为故事主人公的命运而担忧，为他们生活的起伏而愤愤不平。我读博、写博，叙述自己的心事。

但我很快乐，尤其在课堂上，我真心喜欢每一个孩子，喜欢在课堂上看到他们的笑脸，看到他们认真的神情。我无数次幻想过，也许这就是我站在讲台上的最后几节课，假如明天我不再站上讲台，今天我要对孩子们讲些什么？即使我出现在他们的世界里，我又带给了他们什么？他们从我的身上学到了什么？知识？做人？教书育人怎样得到落实？怎么教书？如何育人？

我喜欢这份工作，尤其喜欢这些孩子，发自内心的喜欢、毫无保留的喜欢。这一年，我和孩子们之间有太多的故事，是这些故事将我们串联在一起。我喜欢孩子们对知识的渴求，喜欢他们认真学习的样子，喜欢他们积极主动参加活动，奋力争取好的结果。我相信，将来他们走向社会，也一定会是健康快乐、积极向上的，这是我的心愿和希望！

周末是回家的日子。每个周末，我喜欢自己乘坐公交车，和一群陌生人同车共坐。下车后，我还要走几里路才能到家。走在熟悉的路上，一切倍感亲切，没有了现代都市的繁华喧嚣，好长时间见不到一辆车。每每此时检查自己

的内心感受，审视自己一周以来的工作，我匆忙的心瞬间安宁。是的，人也需要静一下，等等自己匆忙的灵魂。

周末回家和母亲吃顿饭，和母亲倾诉一下自己的不快，亲情是不需要刻意维护的，只需要一个眼神、一个理解的动作，就心满意足了。

整理自己的心情，我仍然是自己原来的样子，独立、自强，不希望自己介入他人的生活，也不希望他人介入我的生活。我希望活出自己的样子，按自己的心情生活，按自己的意志生活。

希望2016我的家人们一切都好，希望同事们、孩子们一切都好，希望大家一切都好！

2015年12月31日

追忆·流年

——致我逝去的青春

2018随想

时光飞逝，忽然间发现，我已经步入老年的行列。时间是公平的，不会因为亿万富翁而停滞，也不会因为貌美如花而逗留。

2018年，是心情复杂、心绪不平的一年。这一年里，我收获最大的是拥有了54个孩子的信赖。我想，这也是我教育生涯中最值得珍藏的！不管什么情况，他们都喜欢来办公室找我，有问题跟我说，虽然有时也会调皮让我生气。期末统考，我们班的成绩遥遥领先。孩子们都尽心学习，我也尽到了自己的责任，心里没有遗憾。

只是，知识更新换代非常快，不好好学习就会被时代淘汰。课余时间，我忙着充实自己，看书学习，学习课件制作，虽然不免粗糙，却是出自自己的设想和孩子们的实际。有人说三年一个代沟，那么我和孩子们有不止十个代沟，但他们依然和我很亲！

教学之初我就想，无论什么情况我也不能丢掉自己的初心，要好好教学，让孩子们在我的帮助下成长起来！

1985年我师范毕业，学校安排我教毕业班。当时有一个小男孩，家庭条件很差，他出生在一个海拔很高的山村，穿的衣服也很破旧。他的年龄小，我的年龄也不大，所以特别有共同语言。他经常问我问题，学习特别勤奋。多年以后，我在学校门口值班，接到了他的电话，从北京打来的。他在中科院读研究生，后来留在了北京，把家也安在北京。那么多年，他一直在坚持学习、坚持努力，为了实现更好的人生，实现自己的价值。当他的愿望达成时，也没有忘记和我一同分享，我很骄傲！

2007年，我接手六年级的一个班，当时那个班的孩子留给我很深的印象。我的课代表学晖，从入校就非常负责、非常认真，尽职尽责地干好自己的工作，更重要的是带领大家一起认真学习。

2017年年底，我接到了学晖的电话，他激动地诉说着现在的自己。他即将去北京大学学习，硕博连读，他的拼搏、他的耐力，都源于那时的坚持。我记得他是一个非常敬业的孩子，没有一丝的懈怠。他说自己的大学生活过得很不容易，经历了许多的挫折，因为自己的抗挫折能力特别强，最终实现了自己的梦想！他感谢老师对他的严格要求，感恩在学校的点点滴滴，特别是坚持每天大课间跑操，他说身体素质最好的时候就是初中的最后一年，因为每天跑步一个小时！

从事教育33年来，我尽心尽力，努力干好自己的本职工作。我最珍视的荣誉是"首届孩子们喜欢的老师"，因为这是孩子们投票选出来的，是我从事教育工作最大的收获！

在工作中，苦过、累过，也哭过，但都已是过眼云烟，都已经不重要！

作为老师，我对得起孩子，对得起家长，也得到了社会的认可，成为市级名师！如此，足矣！

我会反思自己，特别是教学，适合孩子们的就是最好的。我会将他们送入高一级的学校，让他们顺利走上实现自己理想的道路！而我在自己的岗位上，有一分光就发一分热吧！

2018年9月7日

夹缝人生

1967年10月，我刚一落地奶奶就号啕大哭，不知因为我是一个女孩还是我的出生让她难堪，总之她扭头就走，去了济南姑姑家，并且一住就是大半年。两年后，叔叔家的大妹出生，成了奶奶的眼中宝。身材高大的奶奶缠着一双小脚，走路都颤颤巍巍的，却天天背着她、抱着她，心肝宝贝地叫着。工作后每每遇到事情，我就想起奶奶，觉得她是我人生最初的不公平。

我懂事后，看着别人上学，我非常羡慕，无奈年龄太小。我缠着母亲去找老师，说好话求人家。鉴于一个村的缘故，老师勉强收下了我。在开学一段时间后，我也进入了学校，成了一名没有课本的编外生。这时老师已经教完了汉语拼音，又教了好多字。我虽上课认真听，但仍然不懂。放学回家后向不识字的母亲炫耀，将一个"马"字跨了两行凑起来，个位数的加减运算我都等于8，汉语拼音也不会。等考上了师范，我才又自学了拼音。

二年级，我忽然开窍了，数学、语文都会做，觉得特别简单。是什么原因促使我改变了自己？也许是家庭的贫穷吧。年龄最小的我成了班里的大红人，为了保住自己的优势，我只有更投入地学习。我发现学习原来那么有趣，不但知道了好多新的东西，还被别人羡慕着，我充分享受着这样的生活。

那时家里的生活非常拮据，为了一家人的生活，父亲每天在生产队里干活，母亲拖着病恹恹的身体也去干活。所以，我小时候最大的愿望就是有一天能捡到一块金子，可以改变家里的贫困。我不知道金子长什么样，但去山上捡柴、去地里干活时都要仔细看着地面，心想没准哪一天真捡到了，我们家就不那么穷了。

初中，我的成绩仍然是前两名。在学校里，比较窘迫的事情就是交学费，即使3.5元的学杂费我也拿不出。因为哥哥要交钱，妹妹也要交钱。回家后，哥哥第一个拿到钱，妹妹是哭着闹着也要交钱的。只有我，看到这种状况心里着急，也替父母担忧，就自作主张找到班主任，告诉他真实状况，并保证等家里有钱时再补上。初中三年，我的学杂费都是这样交的。我这样做其实还有一个私心，就是怕父母不让我上学。有时他们也开玩笑说："不上学了吧？"我坚决地说："不行！有玉米糊糊吃我也上学。"

那时大家都很穷。一年只有两身衣服穿，春夏秋一身，冬天一身。衣服是手织布做的，不耐磨，坐在椅子上很快就磨出了窟窿，回家用线一缝，第二天接着穿，上面经常补丁摞补丁。鞋子是母亲在夜里点着煤油灯一针一线缝出来的。无奈人多，孩子又长得快，母亲做不了那么多鞋，所以我穿的鞋子总是不合脚的。有一年的夏天，父亲赶集买回了三双黄胶鞋，好像是几毛钱一双。买回的鞋有一双让我穿，我非常高兴。拿过鞋一看，是顺脚的，鞋子特别大，我穿着不合脚，但是不夹脚，于是那两只鞋伴着我度过了几乎整个初中时光。上体育课时，我拘谨地想缩回脚，但后来我克服了这种心理，我不害怕难看，我害怕不上学。直到现在，我一直不太讲究，因为贫穷的日子是没办法讲究的，只有将就。

生活的窘迫让我学会了学习。初中毕业后，我考上了师范，金子没捡到，但是生活有了保障。师范毕业后，我又回到家乡，在那里认真工作、快乐生活着。

1991年，在家乡工作六年之后，我调到了离家五十里的地方教学。

我把精力用到工作上，尽心尽力教学。最初分给我的是一个数学成绩很差的班，那个班是由体育班转成的普通班，孩子们基础差，学习习惯也不好。我新官上任三把火，首先抓好纪律。我上课就不要有人说话，孩子们被我镇住了。好多孩子也因此和我成了好朋友，数学成绩提升很快。我在孩子们心中的威信立起来，工作也算是得心应手。

后来的岁月里，我只知道干好工作，只管教学。我告诉自己要在教育上干出成绩，要闯出自己的一片天地。我钻研教材，研究孩子们，反思自己的教学。我要让孩子们先喜欢我，然后再喜欢上数学。我希望孩子们上好45分钟的

课，更希望自己可以将45分钟高效利用。

就这样，我在一次次和孩子们的对话中找到了人生的方向，找到了自己的价值所在。我努力让孩子们越来越优秀，在成就了孩子们的同时，也成就了自己。2011年，我获得"第二届莱芜名师"的称号，这激发了我更大的工作热情。近年外出学习名师的经验，听著名教授的讲座，都使我受益匪浅。

现在，我已年过五十，仍然坚守在教学一线。我深知要想让自己立于不败之地，就要用智慧教学。

所以，即使生活中有许多无奈，也不能一蹶不振，思维转个弯，行动跟得上，也许就有一片新天地等着自己。即便自己的人生走进了夹缝，也要从夹缝中挺身而出！

2015年12月24日

我的初中生活（一）

1979年7月，我顺利地考进初中，进入离家二里地的中学读书。

我们在村后的一排平房里读书，我这一级有三个班。教室是新盖起来的，四面墙壁，两架梁撑起屋顶。同学们来自周围多个村庄，在这里我又结识了许多新同学，才发现"人外有人"不是空口无凭。

我的班主任郭老师是一位中年人，秃顶，个子不高，脾气特好，教语文，一口地道的方言。数学老师是一位高中毕业的女老师，白白的，非常漂亮。我很喜欢数学，喜欢听数学老师上课，数学成绩也很好，每次竞赛都有我，我心里特别自豪。我喜欢上学，说不出学习是为了什么，但我知道学习可以改变命运。

早上，我早早起床，背好书包，叫上周围的几个同学，我们一起走着去学校。有时月亮、星星很亮，有时天空黑黑的，我们几个边走边说笑。到学校时，往往还锁着大门，校工还没起床。那时家里都没有钟表，不知道时间，只知道起床就去学校。有一个雪后的早晨，漫天遍野一片洁白，我们走在雪上，听着有节奏的咔嚓声，向着学校走去，总觉得有使不完的劲。那时晚上还要上晚自习，没有电灯，就用煤油灯，回家后每个人的鼻孔里都是黑黑的灰。我们吃的饭是母亲摊的煎饼，还要按顿数好，多一个也不行，因为下一顿就要少吃一个，吃不饱。

在学校里我是快乐的，因为我的成绩很好，基本都是前两名。在家里，我想多学习一会，但繁重的家务也要做，否则靠母亲一人干不完。从学校回家

后，我就帮母亲推碾、推磨、做饭，然后再学习。母亲就点着灯摊煎饼，要做好第二天我们吃的饭。等母亲做好饭，我的学习也结束。所以，很多时候我是伴着母亲的劳动一天天长大的。

后来读路遥的《平凡的世界》，我读着读着就眼含热泪。孙少平的读书生涯就是和饥饿做斗争，整天想的就是怎样吃饱饭，我的初中生活至少比孙少平好多了。

2015年12月11日

我的初中生活（二）

初中二年级，我们三个班搬到了一处新建的中学学习，离家远了，有五里地。这里有三个年级，接近十个班。有一个土的操场，能上体育课了。

我们仍然是每天走到学校学习，晚上放学一起结伴回家。我所有的心思都放在学习上，所以每天快快乐乐去上学，放学后回家和母亲做饭、做家务。

初中二年级，语文老师换成高老师，他很安静，似乎心里有事情。据说他很有才，因为家庭原因没上大学，高中毕业后当了老师。一次上课，高老师指导我们写作文，他说要用真情写出的文字才感人。他读了他最艰难的时候写下的文字，我们听着眼泪止不住地流。他的日子很艰难，但还是一如既往地教着书。我发现，老师居然也有那么多的烦恼事。

进入初三，我们晚上就在学校里住。人并不多，有几间房子，垒了一个从东到西的台子，上面铺上麦瓤，放上自己的褥子、被子，我们就在草堆里滚着，虱子、跳蚤随处可见。我们一周回家一次，拿饭、洗衣服，有条件的洗洗澡，没条件的洗洗头，然后又快快乐乐地回到学校，继续我们的学习生涯。

最美的时光是五月里，麦子快成熟了。我们走在放学的路上，和几个同学一起背政治，一路背熟了好几道题，心里的高兴溢于言表。

那时觉得自己马上就要长大了，有能力养活自己和家人了，于是更努力地学习，期盼自己有好的成绩。

2015年12月12日

人到中年始读书

著名作家路遥的早晨从中午开始："当生命进入正午的时候，工作却要求我像早晨的太阳一般充满青春的朝气投身于其间。"我没有作家的觉悟高，但我做教师三十余年，生命也已经进入正午，工作却渐入佳境，忽然觉得心中无他，唯有读书学习令人快乐，使简单的生活充满了乐趣。

读书，是与圣贤、名师进行心灵的对话，泡上一杯清茶，端坐于桌前，或者窝坐在沙发上，捧起书本，走进大家的作品，感悟他们带给我的感动。我发现那么多名师在前面顽强地行进着，他们高大的背影成了我前行的目标。为了成为像他们一样的人，我开始搜寻他们的足迹。我发现，他们的道路也不是一帆风顺的，他们有过很多故事。《为了自由呼吸的教育》，李希贵老师走进孩子们的心灵，感受孩子们内心的世界，他的故事中也有我和孩子们的足迹；《做一个幸福的教师》，陶继新老师是幸福的，既沉迷于工作，也沉迷于读书写作，还沉迷于自己对生活的感悟，他认为自己的成长过程就是不断享受学习的过程，是自身价值不断提升的过程。于是，我理解了吴非老师的《不跪着教书》："想要孩子们成为站直了的人，老师就不能跪着教书。如果老师没有独立思考的精神，他的孩子们会是什么样的人？"我也希望自己站立起来，成为一个大写的人，无愧于"人民教师"的称号。

看教育理论的书籍和名师的书籍，我知道了苏霍姆林斯基的《给教师的一百条建议》："我要关注的是，我所培养的每一个孩子都成长为会思考、会探索、有智慧的人，让认识过程的每一步都使心灵变得更高尚，使意志变得更坚强。"我想通过数学学科的教学，让孩子们变得生动活泼起来、灵动起来。我研究孩子们的心理发展怎样？为什么不快乐？遇到了什么困难？需不需要我帮助？我知道，一位老师不仅要教书，关键还在于育人。我知道，一介书生也可以成为一位成熟的校长。比如李希贵老师，他担任北京十一中学校长，时刻走在教育的最前沿，不脱离教育一线，时刻关心孩子们，关注孩子们的发展。程红兵老师也是一介书生，爱书、买书、藏书、看书、教书、写书成了生活的主要内容，做校长属于偶然事件，但也干得风生水起。他踏踏实实做事，真诚服务于学生，坚持以文化领导学校，脚踏实地开展课程改革，真正走在课改的前列，这一切得益于自己的学习。于漪，一位84岁的耄耋老人，60年的教学生涯，依然活跃在语文教学的一线。她一生坚守在讲台上，用生命歌唱，一辈子做老师，一辈子学做老师，她认为"选择教师职业就是选择了高尚，一头挑着千钧重担，一头挑着祖国的未来"。一位平凡的老人，装着一颗忧国忧民、博大的心。

读书让我学会了反思，我经常想自己有什么问题，哪里不合适，以后如何改进。我向作者学习，学习他们的做人，学习他们的境界。比如三毛，她毅然跑进撒哈拉沙漠，寻找一份心灵的自由，也寻找一份心灵的快乐。即使结婚时白手起家，她依然幸福满溢，把简陋的家布置得温馨舒适，用破轮胎制成美丽的坐垫，简朴中透着智慧，简陋中充盈着富足。她摒弃了许多的流言蜚语，远离了许多的是是非非，在不毛之地中散发着生命的异彩。

我反思自己的浅薄无知，那是因为我的经历没有那么丰富多彩，我的阅历依旧那么肤浅。也许大多数人的经历都不可能轰轰烈烈，但若想让自己的生命变得厚重，让自己的生活底蕴变得丰富，让自己的人生变得有价值，只有学习才能充实自己，才能让自己空虚的心灵充实起来，让自己空虚的大脑睿智起来。

认识到这一点，是我经过了半生的时间，生命进入正午时的感悟。我发现自己越来越快乐，这快乐源于看书学习。也许我不能变得满腹经纶，但经过文化的熏陶，我也沾染了些许文化之气，远离了许多的是是非非。我想起贾平凹在《说话》中说："世上有流言和留言，流言凭嘴，留言靠笔。我不会去流言，而滚滚流言对我而来时，我只能沉默。"尽管我已经进入中年，但只要看书学习，一切都为时不晚。我不知道自己将来怎么样，但有一点我知道，那就是看书学习，放下生活中的一切功利和是非，淡然从容地走自己的路。

2015年12月1日

年轻的梦想

初中的时光是快乐的，一晃三年过去，马上就毕业了。十五岁的我不知道自己的未来怎么样，也不知道将来自己要干什么，只觉得将来应该为家庭做些什么，让贫穷的家庭能富裕一些，让操劳的父母能轻松一些。在懵懵懂懂中，我考上了师范学校。在学校里，我不清楚自己的未来会怎样，只知道命运将自己安放在这里，将来就要做一个好老师，做一个让孩子们喜欢、家长满意、社会认可的老师。但当了老师才知道，这件事情有多么难。

毕业后我回到家乡，在一所中学里面教数学，后来又调到中心中学待了三年。那时刚毕业，觉得自己的知识还很欠缺，非常想外出学习一些知识，看看外面的世界。我出生在这里，为家乡贡献力量是应该的，但我还想在应该学习的年纪接受一些新的事物，学习一些新的知识。我想去看看外面的精彩，呼吸新鲜空气，让自己变得更强大。

我努力获得了一个山东省教育学院离职进修的名额，准备去深造。但在报名时，我遇到了前所未有的困难。因为那时候分配的老师很少，我们几个是教办主任去教育局要来的，原有的老师大部分是民办教师。教办主任说："不能让你走，你一走，你的同学都跟着走，都去学习，谁来教书？孩子们怎么办？"软磨硬泡，什么方法也不行，理想像肥皂泡一样破灭了，我只觉得那时的心无处安放。

我有过抱怨，但我理解教办主任的难处。那时师范毕业的老师真是一宝，到处都缺老师，好多科目没人教，所以不放人是理所应当的。

但学习还是要继续的，不让离职进修那就函授吧，我选择参加曲阜师范学校的进修学习，几年后拿到了本科毕业证。年轻就要有梦想，并为梦想的实现而不懈努力。

2015年11月30日

难忘当年的校园

1985年，我师范毕业，走上了工作岗位，在老家的一所农村初中任教。学校离家五里路，我住在学校里。

当时的学校是很多年的老校，据说是原来的完小留下来的。一进校有一个很大的院子，一架锈迹斑斑的篮球架，无声地诉说着逝去的岁月。中间往北是高起来的土地面，上面有一排教室，教室中间有一个圆形拱门，用红砖砌成。进到拱门里面还有院子，一间教室，一间办公室，还有两间西屋，算是孩子们的宿舍。我就住在办公室里。院子里还有一个乒乓球台，用水泥砌成的台面，中间用几块砖头挡住，权且是我们的一个娱乐活动。

不谙世事的我，年龄与孩子们一般大，有几个毕业班的孩子比我还要大，个子比我还要高。工作第一个月，我领到了51.5元的工资，让我很有成就感。我能为家里做贡献了，为父母解决一点生活的忧愁。学校里还有那么多孩子用仰慕的眼神看着我，让我更有自信，更加意气风发地挥洒着热情。

我刚毕业，校长安排我教数学，从此便与数学结下了不解之缘，一教教了三十年。这期间我也教过音乐、美术，但是都不如教数学更加得心应手，所以没打算改行，围着讲台也转不了半圈。

上课时，看着下面座位上或大或小、个头不一的孩子们，我心里有一种说不出的感觉。家庭的贫穷、精神的贫乏、孩子们知识的单一、见到新人新事的好奇，让我产生了一种想法：一定要把孩子们送出去，让他们有知识、有文化、有见识。我要尽我所能，引领孩子们多学知识，武装头脑，让孩子们能有服务社会的机会。当我站在讲台上的一刹那，我心中的责任感油然而生。

我像一个大孩子领着一群小孩在田野里蹒跚学步，有目标、有方向，有时也跟跟跄跄。上课时我们认真学习，我要求很严格，孩子们比较怕我。下课后，我往乒乓球台边一站，手握球拍，跟着孩子们学打乒乓球。孩子们里三层外三层地围着呐喊、加油，更是让我铆足了劲，坚定了"课要好好上，球要好好打"的想法。

课外活动，校长带领我们打排球，这让我对这所学校更充满了向往。因为我曾是学校排球队的队员之一，在这里我又找到了自己的用武之地，所以我对最初学校的记忆一直是欢快的、美好的。

我在学校里住宿。当时只有我一个女老师，父母不放心，就让我表姐的女儿跟我同住，晚上我们一起唱啊、跳啊，一起看书学习。本村的孩子晚上也到学校里来玩，于是在各种欢声笑语中，我愉快地度过了三年。

三年里，我教着全校三个年级六个班的音乐和美术。1987年的春晚，费翔的《冬天里的一把火》《故乡的云》火遍大江南北，孩子们整天哼唱。于是我找来了曲子，带领孩子们一起唱。校长很支持我们，给我们准备了录音机，孩子们拿来了磁带（那时的磁带太难买了）。但教室里没有电源插座，孩子们就将白炽灯上的灯盒拧半开，将录音机的电源插头接上去，兴致勃勃地等着我这个音乐老师来上课。孩子们积极性的高涨也激发了我的积极性，于是兼任团委书记的我经常组织一些小型的演唱会，让孩子们一展歌喉。那些的时候，也是孩子们盼望已久、自信满满展示自己的时候。

我还记得那时爱唱歌的几个孩子。其中有一个叫张振海的，模仿谁像谁。还有一个爱说山东快板的孩子——赵锋，没毕业就去煤矿接了父亲的班。不知他们现在过得好不好，歌声是否依然嘹亮，山东快书是否依然流畅。

回首，岁月已远去；凝眸，时光在飞逝。三十年过去了，那记忆中的校园早已挪作他用，但我时常梦回那些快乐的日子。那三年，我跟着善良的校长、可爱的同事们学会了很多做人的道理，更重要的是我在工作中找到了自信，也明确了自己的方向。我知道，不论将来我在哪里，一切都要靠自己。

2015年11月23日

我的同事

——民办教师

我刚师范毕业时，接触的几乎全是民办教师。那是一所山里的农村学校，有三个年级六个班，公办教师只有几个人：校长、主任，还有两个大我几岁的男老师。宝青、学清、换金、同军、右斌、丰会等，全是清一色的男民办教师。

民办教师的家里都有几亩地，每年都种庄稼。春种秋收是他们最累的时候，白天到学校上课，上完课就回家种地或是收庄稼。第二天到校时，喜欢干净的就换换衣服，也有衣服不换就直接到校上课的。

那时的民办教师工资很低，每月27.5元。一般民办教师上完自己的课就走，办公室里一般只有我们几个公办教师在坚守。但民办教师还是很会上课的，不会耽误孩子们的学业。他们认真备课、上课、批改作业，不仅是为了那一点工资，更多的是为了那些渴求知识的眼神。

同军就是一位年轻的民办教师，三十岁左右，活力无限。他是一个闲不住的人，学校里的电线出问题，找他；板凳坏了，也找他。他的家在磨石峪，是在山上的一个村子，资源少，靠天吃饭，比较穷。山上有一些山楂树、苹果树、桃树、杏树，但是结的果子卖不了多少钱，村里人都不富裕。同军有一个儿子，后来又超生了一个女儿。不知道是学校辞退了同军还是他自己不干了，后来就没见他再来上课。

此后，我再没见过他，停留在心中的是仍然他年轻时的样子，风风火火、干练精神，并且时常说着一些笑话。现在想起来，同军应该已经有孙子了吧，也应该颐养天年了。

2015年12月3日

乘 车

1991年，我调到离家几十里的外地工作，回家时需要乘车。我先从住处乘公交车到汽车站，然后坐回家的长途车。我的家在大山深处，路不好走，都是蜿蜒崎岖的山路，很窄，去那里的车很少。有几个大的上坡路，冬天一下雪随时封闭，公交车不敢开，私家车也不敢走。

每次回家都能遇到熟悉的人，有些是曾经的学生、同村里的人、外村熟识的，有时司机也是曾经的学生。车里热热闹闹，好多人大嗓门讲话，一口家乡话让人倍感亲切。

后来，司机承包了各条线路，让自己的妻子跟车卖票。汽车很准时，并且不到站点也停车，很方便，大家比较喜欢。车里面也很干净。唯一的缺点是，随着天气的变化，汽车的票价起伏不定，节假日的车票价格也会随着客流量的增多而提高。

最近几年，政府出资购置了公交车，城里到乡下3元钱。车里的条件非常好，有空调，夏天凉爽，冬天暖和，车厢里干净整洁，人人心情愉悦。六十岁以上的老人乘车不要钱，只要刷一下老年卡就可以了。现在城里的好多老人就坐着公交车去乡下赶集，买完东西再赶回来。

虽然车次不多，一个小时一班，但比较准时。我差不多每周乘坐一次，每次都会看到不一样的风景。现在的乘客满面春风，大包小包的拿着东西，好多人趁着周末到城里给家人添置衣物，或者买些其他的日用品。更多的乘客是六十岁左右的妇女，她们进城看孩子，周六再回家，周日再回来，有人调侃她们也是按时上下班。

现在好多人都买了私家车，只要有时间，准备好东西，大人孩子一起回老家看一看，晚上再及时回到城里自己的家。

生活发生了很大的变化，人们的思想也跟着变了很多，不再守旧，不再落后。多年以后，大家的交通工具又会变成什么呢？高铁？地铁？还是什么更先进的也未可知。但是我知道，时代在发展，一切都会越来越好、越来越好……

2015年12月7日

一盘花生米

花生米是酒桌上最简单的一道菜，物美价廉，颇受大家的喜爱。花生米用油一炸，捞出来，撒上一层盐，盐趁热化了，等花生米一凉，吃上一颗，松脆可口。

花生米

元旦假日，我们相约爬山，去了一座没有名的山。山不算高，石头很多，各种形状应有尽有。车开到山下，爬了很短的一段路程，却非常难走，荆棘密布，各种树枝横生。我们找不到路，总是从树枝下面爬着过去，四肢并用，一路攀爬，费尽力气，终于在大汗淋漓中爬到山顶。

爬 山

　　一路走来，感慨良多。平时不注意锻练身体，终于使身体变得不再强健，以至于爬山都那么费劲。年轻时的我可是运动员，走路、跑操、爬山均不在话下。

　　下山后，我们找了一处幽静的小餐馆吃饭。看到已经有人在点菜，我们也趁机过去点好菜，坐等吃饭。前面点菜的小伙子领着女朋友，不时地回头看我，然后郑重地问我："老师，您是在张家洼中学吗？""是的。"看来是一个曾经的学生，我不认识，好像也没教过他。

　　"老师，我的班主任是魏老师，现在应该还在那里吧？"他的班主任现在是级部主任，对工作兢兢业业，对孩子们非常负责。

　　这个小伙子已经从学校毕业六年了，他当时学习不理想，后来去了职业技术学院，现在刚从济南实习回来。他今天特意带着女朋友回来，准备吃完饭再去爬山。

　　我感慨时间的流逝，也感慨孩子们的变化，几年的时间让他变成了一个高大的小伙子。

　　开始吃饭了，老板端来了一盘花生米，是那个不知名的小伙子送的，我瞬间感动了。这孩子还没有上班，自己刚实习回来，心里那么感激老师。我心里感叹，我们的教育成功了，孩子们学会了感恩，这就是教育的结果吧！我为这个孩子叫好，这是一个有爱心的好孩子，希望他一直这样有爱心地走下去。

　　爬山，不虚此行。

2018年1月4日